U0527707

梅花心易阐微

皇极梅花心法秘诀

［明］杨体仁◎撰

郑同◎校

華齡出版社

责任编辑：薛　治
责任印制：李未圻

图书在版编目（CIP）数据

梅花心易阐微/（明）杨体仁撰；郑同校．
—北京：华龄出版社，2015.12
ISBN 978-7-5169-0661-3
Ⅰ．①梅…　Ⅱ．①杨…　②郑…　Ⅲ．①《周易》—研究—中国—明代
Ⅳ．①B221.5
中国版本图书馆 CIP 数据核字（2016）第 004859 号

书　　名： 梅花心易阐微
作　　者：（明）杨体仁　撰　郑同　校

出版发行： 华龄出版社
地　　址： 北京市东城区安定门外大街甲 57 号　**邮　　编：** 100011
电　　话：（010）58122246　**传　　真：**（010）84049572
网　　址： http://www.hualingpress.com

印　　刷： 三河市九洲财鑫印刷有限公司
版　　次： 2016 年 3 月第 1 版　2024 年 5 月第 8 次印刷
开　　本： 710×1020　1/16　**印　　张：** 14.75
字　　数： 180 千字　**印　　数：** 20001～23000
定　　价： 48.00 元

出版说明

《梅花心易阐微》一书，原题名为《皇极经世心易发微》。按《四库全书存目提要》："《皇极经世心易发微》八卷，江苏巡抚采进本，明杨向春撰。向春字体元，号野厓，普洱人。是书推衍《皇极经世》旧说，立占卜之法，惟论干支生克，五行制化。盖方技家言，非说《易》之书也。"考察全书，见此书虽从《皇极经世》而来，实则推阐梅花之学，故本次整理，依全书内容，重新定名为《梅花心易阐微》。

是书为明杨向春先生撰。按《野崖先生传》："先生少而颖悟，志在道德，不慕声华，为邑增广生员，潜心易学，上绍五圣心传，近接尧夫正派，盖先天后天之数固已得之心悟，而非言说所能尽矣。极深研几，言必有中，然人犹未之奇也。"又有占孕产、占军旅、占子难、占了凡先生等诸多轶闻，足见其易数精微，可谓有功于先圣矣。

《皇极经世》六十四卷，宋邵雍撰。邵子数学本于李挺之、穆修，而其源出于陈抟。当李挺之初见邵子于百泉，即授以义理性命之学。其作《皇极经世》，盖出于物理之学，所谓"《易》外别传"者是也。其书立义正大，垂训深切，虽明天道而实责成于人事。洵粹然儒者之言，固非谶纬术数家所可同年而语也。

邵雍（1011～1077），儒学大家，"北宋五子"之一，哲学家、历史学家和天文学家。字尧夫，谥康节，北宋真宗四年生于河北范阳，后随父移居共城，隐居在洛阳。卒于神宗十年，享年67岁。邵雍的才学和品德，"高明英迈，迥出千古"；邵雍的修养，"坦夷浑厚，不见圭角"。程颢曾赞曰："尧夫内圣外王之学也!”

《梅花易数》是在邵雍易学的基础上，总结了当时流行的卜筮理论，删繁就简，汇编而成的一本书。其书文辞优美，义理精湛，不可多得。《梅花易数》进一步简化了易占方法，可以年、月、日、时的数目或其他可数之数起卦，以八除之余数定卦名，以六除之余数定变爻，结合爻辞及五行生克比合的关系以断吉凶。梅花易数占法十分注意断卦的灵感和观察事物的征兆，训练占卜者具备预测家的素质，因而不拘泥繁琐，独得简易之理。其占测之广，可谓包罗万象；其应用之妙，真可谓至精至微。其起课之法，较诸壬遁之术，却简易明白，符合“易简”之至道。浅则近情近理，精则神妙无穷。一经研读，即兴趣盎然，意趣横生。深入研究，则仰之弥高，钻之弥深，不能自止。

昔人有言：“理究伊川，数穷康节。”如诣其极，则亦一而已矣。是书也，虽于邵子之心无补，而初学之士，亦可得其指意之大略，为观物之梯航也。凡造化之原，阴阳之妙，与夫卦气之盛衰，声音之唱和，体用之变迁，策轨之断例，靡不备焉。故不敢自私，录之以求正于有道云。

提　要

《皇极经世心易发微》八卷，江苏巡抚采进本，明杨向春撰。向春字体元，号野厓，普洱人。是书推衍《皇极经世》旧说，立占卜之法，惟论干支生克，五行制化。盖方技家言，非说《易》之书也。自称六卷，而隆庆二年邓世芳序称八卷，与此本合。据世芳序，是书一刻于大理，再刻于京师。及在武定，又集前刻之未备者刻之。盖自序乃初刻时作，此则增定之本耳。

刻《心易发微》引

《心易发微》凡八，乃洱海卫杨君所著也。君业举子业，《周易》毕得于心，顺推已往，逆推将来，言无不中，当道中之。大司马净峰张公召往三楚，经贵州大道观检藏经，获《经世》全书，悟元会运世之奥，喜曰："此《易》之微也。乃上溯羲文周孔之源，会于心而笔之书。"兵总棠山任公刻之大理，既而宾于京师，主政葵阳。李公刻之，中司科及司训镇南。余以经历武定，会决勦策，君刻期秋冬之交，所言若响。既而奉大司马吕公篸署武定书院事，君益通易理，又集前刻之未备者汇为一书，名曰《心易发微》。余取玩之，因而感焉。夫理一而已，数者理之显，变易从道，易以名焉，而数行乎其间矣。是数隐于无，显于有。羲皇一画而始著，至文武周孔而易成，尧夫演之为元会运世而易道行。君心有全易乃列之卦象，稽之天时地利而验之人物感应，凡一念未萌，事几未发，天地之通塞，人物之荣枯，国家之兴衰，古今之变迁，皆可前定，以开吾人避趋之途。盖本之易理而数行焉，故不能逃也。所谓"成天地而行鬼神"者，易道也。此书发《易》之微，是不可以私矣。捐俸刻之，以冀易道之行，谓君有功于四圣可也。

野崖先生传

吾滇僻处西隅，而山川灵秀，不减中州。云邑虽弹丸小邑，实得坤维正气，乃土金相生过气之所，向南行五日则极热，向北行五日则极寒，此其验也。邑中灵气所钟，代有伟人，而必以向春先生为冠。

先生少而颖悟，志在道德，不慕声华，为邑增广生员，潜心易学，上绍五圣心传，近接尧夫正派，盖先天后天之数固已得之心悟，而非言说所能尽矣。极深研几，言必有中，然人犹未之奇也。

明学宪出巡，于报优劣最为紧要，故凡报劣者俱被斥革焉。时值岁试，行催报劣甚严。邑学师欲以贫者当之。先生曰："嘻，彼贫士也，何可当此累？"自愿以身代之。学师曰："汝品行端方，报劣无可措词者。"先生曰："但言左道惑众，擅吃民间鸡酒足矣。"学师然其说以报之。迨学宪按临榆郡，岁试甫毕，于报劣者严加考询。一见先生，即作色言曰："汝为士子，左道惑众可乎？"先生答曰："生员非左道惑人者。若谓生员左道惑人，《易经》不该命题。"学宪色和曰："汝知易数，其能明吾意乎？"先生曰："请书一字。"学宪于案上书一"由"字。先生曰："是问六甲。"盖"由"字倒看则"甲"也。学宪故意喝之曰："非也。"先生曰："恭喜老宗师，所生是个公子。但这声喝得不好，报信人至观音塘马折足，并家内所命乳名亦起出。"后历历皆验。学宪怃然曰："世俗讥评，何足为定？吾几屈一佳士。"此后报劣之令遂弛，但存其意而已。

由是名由省会，沐土公尤重之。即军旅大事，亦与相商，于贼败之期皆豫定焉。值乡试之年，豫令起数，凡元魁姓氏悉有隐语，但于事后方解耳。其前知多类，不可殚述。

一日先生独处心动，遂自起数，乃因算贼被获久之得释，欲行报怨也。先生算其从来之方，布下擒拿之网，获贼小校，谢之以金。遂长叹曰："前知诚妙解也。然多言数穷，安之非祸基哉！"此后不轻与人卜矣。算得云邑路当孔道五十年后必罹兵燹，遂挈家属迁于姚城。

先生年益高，德益邵，修髯伟貌，飘飘欲仙。念一画原于伏羲，谁登画卦之台；九畴原于大禹，谁涉洛水之滨。以及文王之阅历，周公之经营，孔子之车服礼器，不可不历览其胜也。

于是遂辞家远游，于途中得遇李卓吾赴姚安府任。议论间，卓吾知先生学究天人，甚重之。因问曰："公家姚城亦有嗣乎？"先生曰："曾留下书一函与子。后日吾子投书，无论迟早，急与相见，能免公灾。"卓吾重先生，遂志其言不忘。其子视书，封固甚密，外又封云："某年月日时投书始验。"至日时来投书，值卓吾坐晚衙，闻其子投书，急与相见。时已黄昏矣，卓吾方簷前甫发书，忽大震一声，府堂中梁崩塌，将公座压为粉碎，彼此大惊。起书视之，但曰："我救君倒梁之厄，君惜我孤苦之儿。"此尤应验之最奇最显也。

后变姓名为孔道人，于慈云寺得遇了凡先生，示以知来之学，载在了凡《立命篇》，说甚详，兹不重赘。先生云游不返，莫知所终，如神龙之无端，见其首不见其尾也。

先生易数发自灵性，然亦有秘传焉。少年赴试秋闱，于安宁道中遇一老叟，坠驴几死，同伴惊骇疾去，先生独扶之。老叟睁目视之曰："扶我者汝耶！吾有神数，待子久矣。"尽授以《皇极经世》之秘诀也，自此遂弃举业而专习焉。老叟不知何许人，疑为穆伯长之流云。

按：先生氏杨，讳体仁，字向春，别号野崖，前明嘉靖人也，世居云洱之北门，至隆庆年间书已行世。余与先生相距二百有余年，其轶事但得之传闻，今录先生书，见其易数精微，有功先圣，惧其事之久而湮没也，不揣固陋，以为传记之。先生其知我之心乎？后之君子，其谅我之心乎？

大清乾隆十二年岁在丁卯夏四月吉旦

附录　游九峰山怀野崖俚句

最忆野崖杨博士，孤踪落后似长松。
未论囊贮千年药，只羡山居九鼎峰。
洞闭白云无客到，闲锄香芋共僧瓮。
欲闻邵子先天学，何日连床坐晓钟。

序

运阖辟以成元会运世而不已者，理与数而已。是故数由理生，理由数著也。未形之初，有理斯有数，有数斯有象；既形之后，因象以推数，因数以推理。理者太虚之实义，而数者太虚之定分也。故河图兆祥，伏羲因之而画卦，孔子因之而作大衍，皆所以成变化，行鬼神，发明河图之数也。

自孔子没，后之言数者流于术，而大义晦矣。至宋邵康节，得李挺之之传，著为《皇极经世书》。其命象定数，自为一家。形于道即太极动静之机，著于文即伏羲奇偶之画，自无生有，自有生无也。夫无之生有者，无极而太极也；有之生无者，动极而静也。或有或无，天道之妙；一动一静，太极之根。往来相资，屈伸相感，资其气遂成天下之文，感其变遂定天下之象。故在天则有日月星辰雨风露雷以成其象，在地则有水火土石走飞草木以成其形，在人则有性情形体色声臭味感应变化，消息盈虚，循环而不已焉。

是故以元经会，为运经世，大而天地之始终，小而人物之生死，远而古今之世变，无不该贯。盖得伏羲画前之易，而发孔子之所未发者。要其本旨，则皆原于易也。

夫易者一也。易之一，即道之中也。中者人之心也，故云“天向一中生造化，人从心上起经纶”，所以为先天之学也。先天之学，正其心，平其气，无私于心，无反于义，义理融会，其道中正，即物穷理，而尽性知天之学亦在其中矣。

《易》曰：“原始反终，故知生死之说。”生死即太极之动静也。不动不静，不生不死，是道之一也。是以大衍之数，一变而为七七四十九也，七变而为九九八十一也；数既极于九又复其一，人既生又复其死。明其理，知其数，则动静可求其端，阴阳可求其始，而万物之得失，人事之休咎，皆可得而前知矣。此皇极之所由作，贯理数而一之者也。有志于数学者，不可不求其理，有志于理者，不可不求其心。求心之要，舍静何以哉？

粤自受读以来，徒析其文，茫无所获。静养之久，一旦豁然，而前知之道，得其肯綮；观象玩占，罔不应验。乃敢折衷微词，多述旧闻，以理为经，以易为纬，辑为六卷，名曰《心易发微》。凡造化之原，阴阳之妙，与夫卦气之盛衰，声音之唱和，体用之变迁，策轨之断例，靡不备焉。

昔人有言："理究伊川，数穷康节。"如诣其极，则亦一而已矣。是书也，虽于邵子之心无补，而初学之士，亦可得其指意之大略，为观物之梯航也。故不敢自私，录之以求正于有道云。

目　录

梅花心易阐微卷一 …… 1
伏羲太极图 …… 1
伏羲太极图说 …… 1
河图 …… 2
河图说 …… 3
洛书 …… 4
洛书图说 …… 4
先天八卦图 …… 5
先天八卦图说 …… 5
后天八卦图 …… 6
后天八卦图说 …… 6
经世衍易图 …… 7
经世衍易图说 …… 7
经世天地四象图 …… 10
经世天地四象图说 …… 10
元会运世图 …… 11
元会运世图说 …… 12
六十四卦方图 …… 13
六十四卦方图说 …… 13
六十四卦圆图 …… 14
六十四卦圆图说 …… 14

邵子先天卦气说 …… 15
朱子先天卦气说 …… 16
六十四卦方圆图 …… 17
六十四卦方圆图说 …… 17
天地始终之数 …… 20
一元十等数 …… 20
一元 …… 20
一会 …… 21
一运 …… 21
一世 …… 21
一年 …… 21
一月 …… 22
一日 …… 22
一时 …… 22
一分 …… 22
一秒 …… 22
以元经会说 …… 22
以运经世说 …… 26
年之月卦 …… 26
日之时卦 …… 27
皇极起卦法 …… 28
运会世并年月日入图诀 …… 29
皇极起例 …… 30
梅花心易阐微卷二 …… 33
问数答语 …… 33
观物筌蹄 …… 34
一曰论动静 …… 34
二曰论卦象 …… 35

三曰论卦气 …… 35
四曰论审机 …… 36
五曰论卦义 …… 36
六曰论生克 …… 37
七曰论冲合 …… 38
八曰论刑害 …… 38
九曰论生旺墓绝 …… 38
十曰论虚耗 …… 39
八卦取象 …… 39
乾☰ …… 39
兑☱ …… 40
离☲ …… 41
震☳ …… 42
巽☴ …… 43
坎☵ …… 43
艮☶ …… 44
坤☷ …… 45
八卦变象 …… 46
乾卦 …… 46
兑卦 …… 46
离卦 …… 46
震卦 …… 47
巽卦 …… 47
坎卦 …… 47
艮卦 …… 48
坤卦 …… 48
论九畴 …… 49
一数为艮 …… 49

二数为兑 …… 49
三数为坎 …… 49
四数为离 …… 50
五数为震 …… 50
六数为巽 …… 50
八数为坤 …… 51
九数为乾 …… 51
八卦取象拾遗 …… 51
先天体用起例 …… 53
后天体用起例 …… 53
先后天辨 …… 53
卦爻当位 …… 55
后天物来方向图 …… 55
策数起例 …… 56
先天八卦正数 …… 56
先天五行生成数 …… 56
轨数起例 …… 57
后天八卦正数 …… 57
后天五行生成数 …… 57
观物策轨 …… 57
策轨顺逆 …… 58
为人占例 …… 58
自己占例 …… 59
动物占例 …… 60
静物占例 …… 60
稽疑十应 …… 60
正应互应变应 …… 61
方应 …… 61

日应 …… 61
外应 …… 61
物应 …… 61
天文 …… 62
地理 …… 62
人事 …… 62
卦辞协卜 …… 62
观物元机 …… 63
观物动静 …… 63
四植说 …… 64
吉星 …… 66
凶星 …… 67
六虚 …… 68
耗星 …… 68
三煞 …… 69
三要元机 …… 69
梅花心易阐微卷三 …… 75
体用总断 …… 75
天时 …… 76
岁序 …… 78
人事 …… 79
身命 …… 80
家宅 …… 82
屋舍 …… 84
婚姻 …… 85
产育 …… 86
科甲 …… 88
仕宦 …… 89

求谋 …… 90
求财 …… 91
出行 …… 92
行人 …… 93
疾病 …… 94
小儿病证 …… 97
医药 …… 97
鬼神 …… 98
词讼 …… 98
失物 …… 100
逃亡 …… 101
盗贼 …… 102
征战 …… 102
坟墓 …… 104
交易 …… 106
谒见 …… 107
忧疑 …… 107
损坏 …… 108
饮食 …… 108
梅花心易阐微卷四 …… 111
大定根源 …… 111
取动卦 …… 111
动卦数 …… 112
六十甲子天地立成定数 …… 113
阴阳加策 …… 114
年除数 …… 114
大定起例 …… 114
元会运世 …… 114

数有空缺 …… 115
数有隔借 …… 115
数有顺逆 …… 115
以数合卦 …… 115
卦有动爻 …… 116
天地生成数 …… 116
二极数 …… 117
阴阳数 …… 117
分格 …… 117
合格 …… 117
数有错综 …… 118
数有乘除 …… 118
观数吉凶 …… 118
四象说 …… 118
天时 …… 119
岁序 …… 121
地理 …… 122
起屋 …… 122
家宅 …… 123
婚姻 …… 124
产育 …… 125
出行 …… 125
行人 …… 126
应举 …… 126
求财 …… 127
疾病 …… 127
生死 …… 128
坟墓 …… 128

词讼 …… 129
交易 …… 129
逃亡 …… 130
两家气数 …… 130
物之成败 …… 130
物之隐微 …… 131
物之多寡 …… 131
出师胜负 …… 132
谒见 …… 132
人物贵贱 …… 132
人物和睦 …… 133
观未来事 …… 133
行船 …… 133
进退奴仆 …… 134
求买田宅 …… 134
饮食丰啬 …… 134
刀砧煞 …… 134
八卦星象 …… 135
皇极起例 …… 135
　纳音数 …… 135
　后天八卦数 …… 135
　起大运 …… 135
　起小运 …… 135
　推岁序休咎 …… 135
　买物损坏 …… 136
　推人生死 …… 137
　起例 …… 139
声音说 …… 140

分五音 …… 141
辨清浊 …… 141
明等第 …… 141
交互音 …… 141
检篇韵法 …… 141
皇极算万物 …… 142
声音辨说 …… 144
梅花心易阐微卷五 …… 147
运之年卦 …… 147
梅花心易阐微卷六 …… 173
小序 …… 173
人物统于太极图之上下 …… 174
起本身数 …… 177
声音入既济四象并挂一卦总括阳图 …… 178
声音入既济四象并挂一卦总括阴图 …… 179
后天参伍错综之例 …… 179
卜易变通论 …… 180
事应迟速例 …… 180
八卦内伏干支刑合等例 …… 181
凶杀 …… 181
长生例 …… 181
日与卦合 …… 181
天禄 …… 182
地禄 …… 182
天赦 …… 182
时方吉凶 …… 182
十应灵枢篇 …… 184

文王十二月卦气图 …………………………………………………… 186
二十四气卦图 ………………………………………………………… 187
七十二候 ……………………………………………………………… 188
求七十二候 …………………………………………………………… 189
日卦 …………………………………………………………………… 189
时卦 …………………………………………………………………… 190
八卦十六变 …………………………………………………………… 191
八卦配象 ……………………………………………………………… 193

梅花心易阐微卷一

伏羲太极图

伏羲太极图说

此图乃伏羲之所作也，世不显传。或谓希夷所作，虽周子亦未之见焉，乃自作太极图。观任道逊之诗可见矣。诗云：“太极图中一气旋，两仪四象五行全。先天八卦浑沦具，万物何尝出此圈？”又云：“造化根源文字祖，图成太极自天然。当时早见周夫子，不费钻研作正传。”夫既谓八卦浑沦、文字祖，则知是图为伏羲所作，而非希夷明矣。

其外一圈者，太极也；中分黑白者，阴阳也；黑中含一点白者，阴中有阳也；白中含一点黑者，阳中有阴也。阴阳交互，动静相倚，周详活泼，妙趣自然。其圈外，左方自震一阳驯至乾之三阳，所谓起震而历离兑，以至于乾是已；右方自巽一阴驯至坤之三阴，所谓自巽而历坎艮，以至于坤是已；其间四正四隅，阴阳纯杂，随方布位，自有太极含阴阳、阴阳含八卦之妙，不假安排也。岂浅见近识者所能及哉？伏羲不过摹写出来以示人耳。

愚尝究观此图，阴阳浑沦，盖有不外乎太极，而亦不离乎太极者，本先天之易也。观周子太极图，则阴阳显著，盖皆太极之所为，而非太极之所倚者，实后天之易也。

然而先天所以包括后天之理，后天所以发明先天之妙。明乎道之浑沦，则先天天弗违，太极体立矣；明乎道之显著，则后天奉天时，太极用行矣。使徒玩诸画象，谈诸空言，羲周作图之意荒矣。故周子有诗云："书堂兀坐万机休，日暖风和草色幽。谁道二十年远事，而今只在眼睛头。"岂非以孔子所论太极之旨，容有外于一举目之间哉？是能默识于其妙，而见于性情之理者，旨要可考也。

河　图

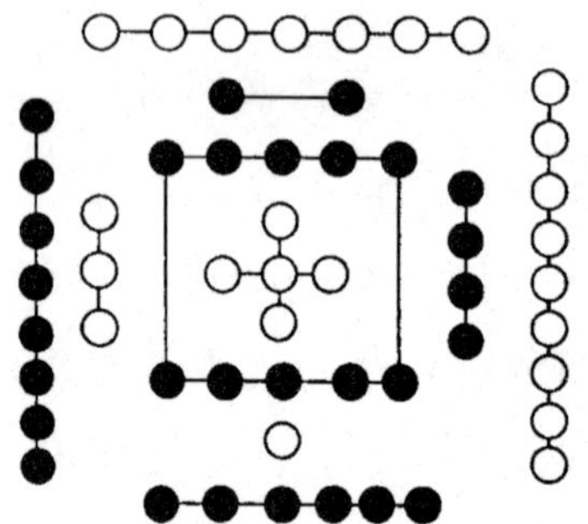

伏羲氏王天下，龙马出河，负文列于图，其数一六居下，二七居上，三八居左，四九居右，五十居中。伏羲因而则之，以画八卦。

河图说

愚按：河图、洛书，为数之宗也。数之所起，一阴一阳而已矣。阳数奇，属天而象圆；阴数偶，属地而象方。河图以生数为主，故一二三四五居内，六七八九十居外。天一生水，一得五为六，故地以六成之，而一六共宗居北；地二生火，二得五为七，故天以七成之，而二七为朋居南；天三生木，三得五为八，故地以八成之，而三八同道居东；地四生金，四得五为九，故天以九成之，而四九为友居西；天五生土，五得五为十，故地以十成之，而五十相守居中。生数在内，成数在外，各以类而同处其方；在内为主，在外为宾，亦各类而相统不乱，此所谓道其常数之体也。

以阴阳老少论之，一为老阳之位，其外则老阴之数居之；二为少阴之位，其外则少阳之数居之；三为少阳之位，其外则少阴之数居之；四为老阴之位，其外则老阳之数居之。此又阴阳老少互藏其宅之变也。

以生出之序言之，始下次上，次左次右，以复于中而又始于下也。以运行言之，北方一六水生东方三八木，东方木生南方二七火，南方火生中央五十土，中央土生西方四九金，西方金生北方一六水，左旋一周而水复生木也。以对待言之，北方一六水克南方二七火，西方四九金克东方三八木，是生生之中而有克制相成之义焉。本之以画卦，则虚其中之五与十者，太极也；奇数二十，偶数二十者，两仪也；一二三四五六七八九者，四象也；析四方之合以为乾坤离坎，补四隅之空以为兑震巽艮者，八卦也。此所谓虚其中以作《易》是也。

洛书

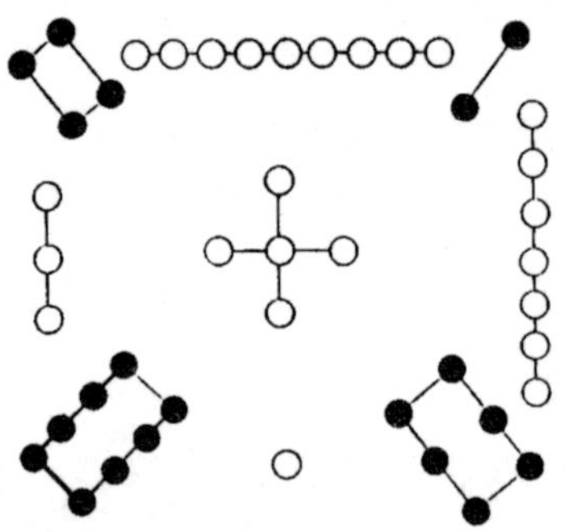

大禹治水。神龟出洛，负文列于背，其数有九，以五居中，戴九履一，左三右七，二四为肩，六八为足。禹因而第之，以成九畴。

洛书图说

愚按：《易》范圣人之所作也，故洛书以奇数为主，一三七九各居其外，五居其中；而二四六八亦各以类而附奇数之侧，正者为君，侧者为臣，所谓主于阳以统阴，而肇其变数之用也。

然其数之纵横十五，则皆以七八九六迭为消长而得之。一居正北，得五为六，而与南方之九迭为消长；四居东南，得五为九，而与西北之六迭为消长；三居正东，得五为八，而与西方之七迭为消长；二居西南，得五为七，而与东北之八迭为消长。虚其中五，则纵横皆十五，而一含九，二含八，三含七，四含六，参伍错综，无适而不遇其合焉。此变化无穷，所以为妙也。

其阳数之次，则首北而东，东而中，中而西南；其阴数则首西南而东南，次西北而东北也。合而言之，则首北而西南，次东而东南，次中而西北，次西而东北，以究于南也。其运行则一六水克二七火，二七火克四九金，四九金克三八木，三八木克中央土，右旋一周而土复克水也。

以对待言之，则东南方四九金生西北方一六水，东北方三八木生西南方二七火，是克制之中而有生生不穷之理焉，大禹以之叙畴也。故一为五行，二为五事，三为八政，四为五纪，五为皇极，六为三德，七为稽疑，八为庶征，九为福极。皇极居中，而八者各以其次列于外焉。所谓则洛书者，总其实是也。

愚谓：具天地之理者易之象，纪天地之理者范之数。数始于奇，象成于偶。二四为八，八卦之象；三三而九，九畴之数。故象以偶为用，有应则吉；数以奇为用，有对则凶。偶者阴阳对待之象，奇者阴阳迭运之数。

先天八卦图

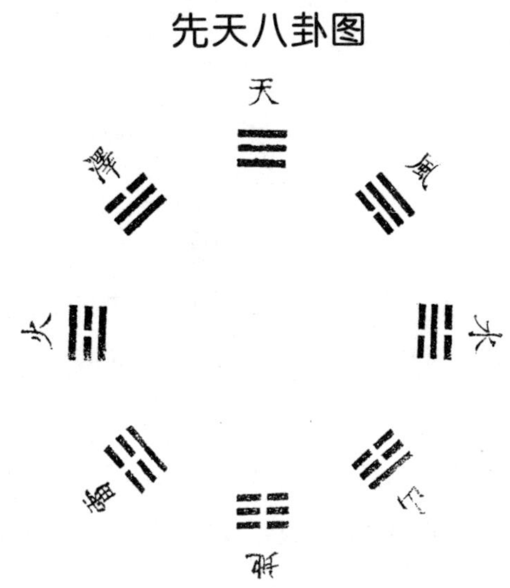

先天八卦图说

先天乃对待之体。乾南坤北，为天地定位。离东坎西，为水火不相射。兑居东南、艮居西北，为山泽通气。震居东北、巽居西南，为雷风相薄。阴阳老少，各以类合。

此伏羲方位之图，易之本也。故乾一坤八，兑二艮七，离三坎六，震四巽五，各各相对，合成九数；不惟其数，其画亦各各相对，合成九焉。夫九乃老阳之数、乾之象，而无所不包也。

自震至乾为顺，自巽至坤为逆。数往者，顺天而左旋，皆已生之卦，故云数往。知来者，逆天而右行，皆未生之卦，故云知来。

后天八卦图

后天八卦图说

后天为流行之用。出乎震，齐乎巽，相见乎离，致役乎坤，说言乎兑，战乎乾，劳乎坎，成言乎艮，此文王方位之图，易之用也。

先天之离东坎西，象日月之出卯酉；后天之离南坎北，象日月之正子午。先天非后天则无以成其变化，后天非先天则不能以自行也。

愚按：先天造化之初，由心出迹之学；后天生物之后，因迹求心之学；心与道皆虚，不为物所碍也。在先天之先不为无，在后天之后不为有，迹不能外也。康节之学，得于先天，看得这里透彻，自然前知。

经世衍易图

太柔　太刚　少柔　少刚　少陰　少陽　太陰　太陽

柔　刚　陰　陽

经世衍易图说

《大传》曰："易有太极，是生两仪。两仪生四象，四象生八卦。八卦定吉凶，吉凶生大业。"

愚谓：天地出于易，易非出于天地，圣人作易，而易不作于圣人也。易有太极者，何也？当夫元气浑沦，阴阳未判，是谓太极。及夫元气既分，动者为阳⚊（道按：阳），静者为阴⚋（道按：阴），是谓两仪。动之上生一奇谓之阳⚌（道按：阳之阳），动之上生一耦谓之阴⚍（道按：阳之阴）；静之上生一奇，谓之刚⚎（道按：阴之阳），静之上生一耦⚏（道按：阴之阴），谓之柔；合而言之，阴阳刚柔四象也。

四象阳之上生一奇谓之太阳☰（道按：阳之阳之阳），生一耦谓之太阴☱（道按：阳之阳之阴）；阴之上生一奇谓之少阳☲（道按：阳之阴之阳），生一耦谓之少阴☳（道按：阳之阴之阴）。四象刚之上生一奇谓之少刚☴（道按：阴之阳之阳），生一耦谓之少柔☵（道按：阴之阳之阴），柔之上生一奇谓之太刚☶（道按：阴之阴之阳），生一耦谓之太柔☷（道按：阴之阴之阴）。故太阳为乾，太阴为兑，少阳为离，少阴为震，少刚为巽，少柔为坎，太刚为艮，太柔为坤。此伏羲画卦，自然之形体次第，而孔子发明之。故曰："易有太极，是生两仪，两仪生四象，四象生八卦，八卦定吉凶。"此言最为切要，古今说者虽多，惟康节、明道二先生之说得之。故康节先生之说，所谓乾一兑二，离三震四，巽五坎六，艮七坤八，正谓此也。

夫《易》之未作，易在太极之先；《易》之既作，易在八卦之内。八卦画而吉凶定，吉凶定而大业生。以言乎法象之大，则有易中之天地，乾坤是也；以言乎变通之大，则有易中之四时，震巽六子是也；以言乎明著之大，则有易中之日月，离坎是也；以言乎崇高之大，则有易中之富贵，日新盛德，富有大业是也；以言乎利用之大，则有易中之圣人，神道设教，顺动服民是也；以言乎深远之大，则有易中之蓍龟，某爻吉，某爻凶也。此皆易中之大业。非圣人立卦作易，孰能备天下之物、致天下之用、成天下之器若是？其广大悉备矣乎！

天地之道，阴阳刚柔，有动静之两仪，必有一元之太极。康节明天地阴阳刚柔始于太极之动静，与周子所传太极图相表里。康节又复穷其交变，推天之阴阳、地之刚柔各自相交而生八卦；又相交而天以乾兑离震四卦生西北十六位，而后阴阳之用尽焉；地以坤艮坎巽四卦生东南十六位，而后刚柔之用尽焉。虽然，是候天地自交，而未至于相交以生物也。

是故动静者，天地分太极之初；四象者，天地禀太极之理；十六卦者，天地达太极之用，而用在于交也。太极为一，一生二为动静，二生四为阴阳刚柔，四生八为八卦，八生十六为十六位。分天地则天有十六位，地有十六位，而三十二矣，是皆加倍之数也。一十六有二者，天地各用其一以为体，则是用之体也。

动之大者，谓之太阳乾，动之小者，谓之少阳离，静之大者，谓之太阴震，静之小者，谓之少阴兑。太阳为日，太阴为月，少阳为星，少阴为辰，日月星辰交而天之体尽矣。

静之大者，谓之太柔坤，静之小者谓之少柔坎，动之大者谓之太刚巽，动之小者谓之少刚艮。太柔为水，太刚为石，少柔为土，少刚为火，水火土石变而地之体尽矣。

自太极之判，以阴阳刚柔为天地之用，乃体之用也。自阴阳刚柔分太少，生为八卦，为天地之体，乃用之体矣。今曰日月星辰交而天之体尽，水火土石交而地之体尽，则主卦言之，而天以日月星辰交为十六卦也。地以水火土石交为十六卦也，此十六卦，又各为生物之体，则主位言之也。

太者，得气之多，少者，得气之少也。

日月星辰丽乎天，而乾为日者，太阳也；兑为月者，少阴也；离为星者，少阳也；震为辰者，太阴也。日月星辰交，则日有四位乾夬有壮，月有四位履兑睽妹，星有四位同革离丰，辰有四位妄随嗑震，而为十六矣，非天之体尽于此乎？

水火土石丽乎地，而坤为水者，太柔也；艮为火者，少刚也；坎为土者，少柔也；巽为石者，太刚也。水火土石交，则水有四位坤剥比观，火有四位谦艮蹇渐，土有四位师蒙坎涣，石有四位升益井巽，而为十六矣，非地之体尽于此乎？

《洪范》以水火木金土五行为造化之用，此以五行有土石无金木者，木为土之子，有土无木，母孕子胎也；石者金之胞，有石而无金，子藏母胞也。

经世天地四象图

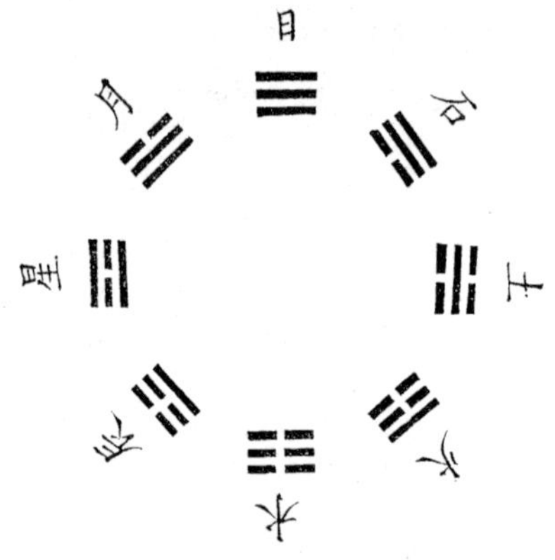

经世天地四象图说

日月星辰丽乎天，而乾兑离震生矣，水火土石丽乎地，而坤艮坎巽生矣。日午中而气热，故为暑；月子中而气冷，故为寒。十干之星为阳而主昼，十二支之辰为阴而主夜，皆天之气也。水降而为雨，地气上腾也；火炽而生风，地气旁达也。地气夜升为露，星殒有声而主雷，皆地之气也。日月星辰自相交而天之变尽于十六卦，水火土石自相交而地之变尽于十六卦。是天地之气凝结而生物。有物则有质，有质则有数。故乾在天成象为日，在地成形为火，火与日本一体，故阳燧取于日而得火。兑在天成象为月，在地成形为水，水与月本一体，故方诸取于月而得水。离在天成象为星，在地成形为石，石与星本一体，故传言星陨为石。震在天成象为辰，在地成形为土，辰与土本一体，故自日月星辰之外，高而苍苍者皆辰也；自水火土石之外，广而茫茫者皆土也。盖日月星辰，犹人有耳目口鼻，水火土石，犹人之有血气骨肉也。是故数者，尽天下之物则也。得乎数，则物之则、事之理无不在焉。不明乎数，不明乎善也；不诚乎数，不诚乎身矣。

《易》之与《极》，其旨若相似，而致用实不同。《易》之与

《极》，八卦名同而位殊，爻同而旨异。位之殊，先天后天之图可识矣。旨之异，卦同而象不同也。故易之乾为天为金，而《极》则为日为暑；易之兑为泽为金，而《极》则为寒为月；《易》之离为火为日，而《极》则为星为昼；《易》之震为雷为水，而《极》则为辰为夜；《易》之巽为风为木，而《极》则为石为雷；《易》之坎为水为月，而《极》则为土为露；《易》之艮为山为土，而《极》则为火为风；《易》之坤为地为土，而《极》则为水为雨矣。《易》以占为神，《极》以算为智。占者听圆变之蓍，以求将见之象；算者布一定之卦，以御无穷之数。占则取象于天，神之研机也；算则断在于人，智之极深也。神以知来，而未尝不藏往；智以藏往，而未始不知来也。

左为天，右为地；日月星辰丽乎天，而乾兑离震居之；水火土石丽乎地，而坤艮坎巽居之。体数有四，而布算之法，皆原于此也。

元会运世图

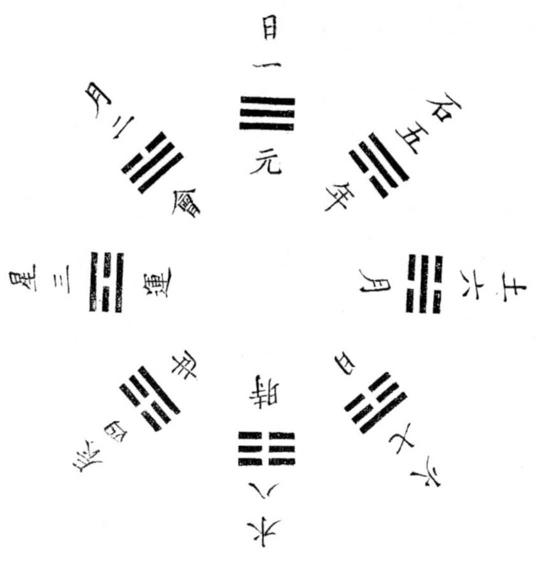

元会运世图说

愚尝考之，阳一为奇，阴二为偶，是以一元之数起于乾。故乾为起数之端，犹一岁包年月日时而为之也。

乾之后有兑，兑为月，其数二，衍之为十二，犹一岁有十二月也。兑之后有离，离为日，其数三，衍之为三百六十，犹一岁有三百六十日也。离之后有震，震为时，其数四，衍之为四千三百二十，犹一岁有四千三百二十时也。此一二三四为天地生物之始数，阳之所以先于阴也。

震四之后，继以巽五，阴元之气莫先于此，是为巽元之年数，衍之为十二万九千六百年，为起数之端；坎六继之，是为巽元之月数，衍之为一百五十五万五千二百月；艮七又继之，是为巽元之日数，衍之为四千六百六十五万六千日。若夫巽之时数，则居坤之八焉，又衍之而得五万五千九百八十七万二千时。此五六七八，又天地成物之终数，阴之所以承乎阳也。

由是重而衍之，以至于八，则乾之世数四千三百二十，衍之为五万五千九百八十七万二千；兑之世数五万一千八百四十，衍之为六十七万一千八百四十六万四千。循序而推，皆可概见。

大抵乾兑离震之数，包巽坎艮坤在其中。自子至巳，上六辰皆属乾，谓之先天；自午至亥，下六辰皆属坤，谓之后天。后天皆效先天而为之也，故曰“成象之谓乾，效法之谓坤”，可举隅而知之也。

六十四卦方图

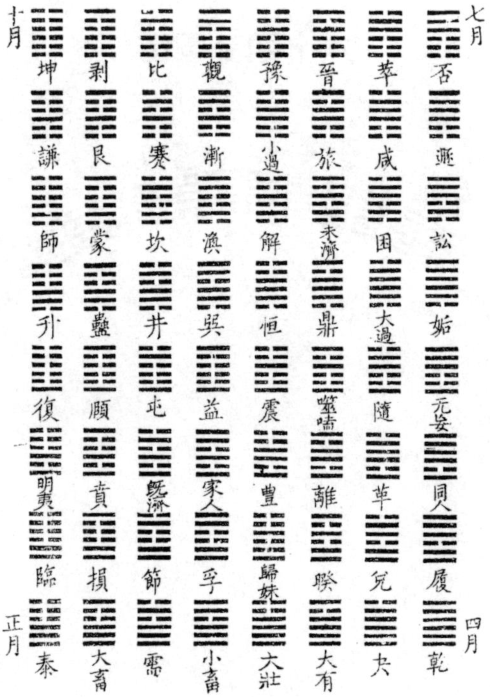

十月　　　　　　　　　　　　　　七月

坤	剥	比	觀	豫	晉	萃	否
謙	艮	蹇	漸	小過	旅	咸	遯
師	蒙	坎	渙	解	未濟	困	訟
升	蠱	井	巽	恒	鼎	大過	姤
復	頤	屯	益	震	噬嗑	隨	无妄
明夷	賁	既濟	家人	豐	離	革	同人
臨	損	節	孚	歸妹	睽	兑	履
泰	大畜	需	小畜	大壯	大有	夬	乾

正月　　　　　　　　　　　　　　四月

六十四卦方图说

愚谓：方图者，地道之刚柔也。在地为水火土石，雨风露雷，谓之对待之易，言其承天时行以生物也。其卦皆从中起，自中而起，则有震巽之一阴一阳。故阴至巽而伏，亦自巽而止；阳至震而休，亦自震而生。阴阳二气交乎震巽，实坎离交于黄庭之象也。内一截，三十二阳卦，西北角乾，东北角泰；外一截，三十二阴卦，西南角否，东南角坤。亦四其十六而为六十四卦。

又以元会运世分之，各四其六十四以为二百五十六位之卦体，以生物于地。四四立体，四九为用，以见律吕音声之阳唱阴和，动植飞走之出生入死，坎离主之，属乎地之造化。故邵子有诗曰："天地定位，否泰交类；山泽通气，咸损见义。雷风相薄，恒益起意；水火相射，既济未济。四象相交，成十六事；八卦相荡，为六十四。”此正言方图之意也。

六十四卦圆图

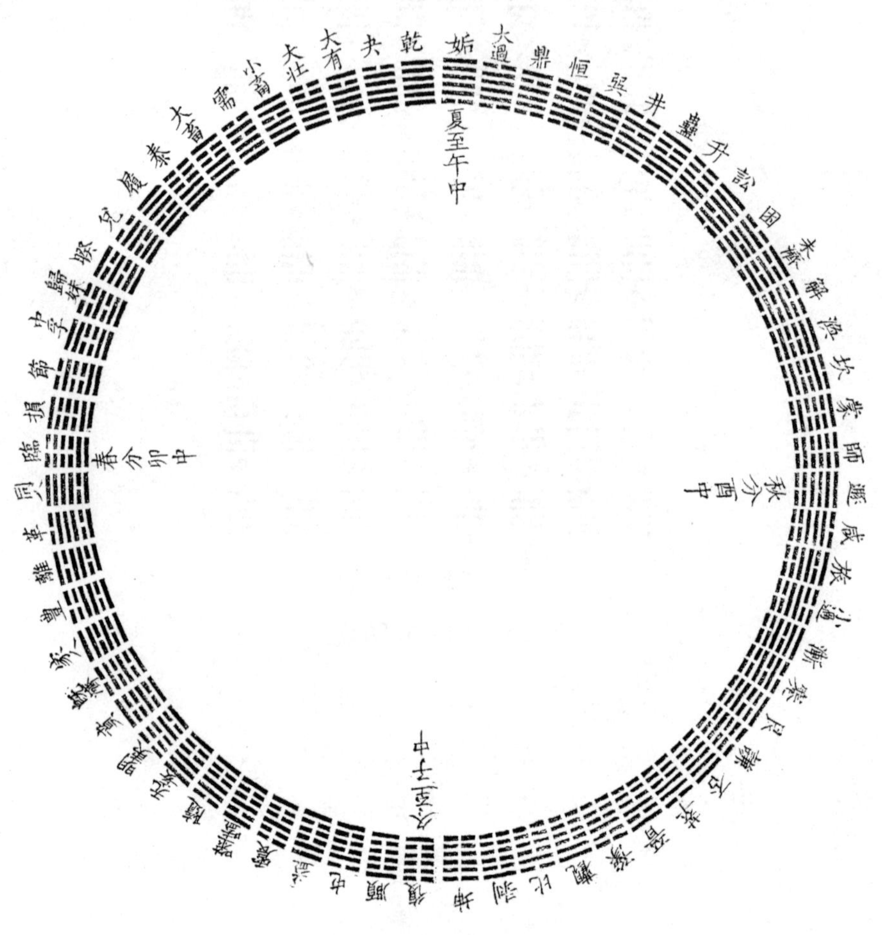

六十四卦圆图说

愚按：圆图者，天道之阴阳也。在天为日月星辰寒暑昼夜，谓之流行之易。言其天地四时流行而不息也。其卦皆从中起，自坤生者始于复，自乾生者始于姤，皆在天地之中。中者，心也。万事万化生于心，是以康节之学，本于先天之易，尚象而不尚辞，盖欲示不言之教。如伏羲六十四卦，初无言语文字也。故图左三十二阳卦，春以发生，夏以长养，自复至乾，得一百一十二阳爻，八十阴爻，是阳数多阴数少，即春夏之昼长而热也。图右三十二阴卦，秋以收敛，冬以包藏，自姤至坤，得一百一十二阴爻八十阳爻，是阴数多阳数少，即秋冬之昼短而寒也。

左右各三十二，而为六十四卦。又以春夏秋冬分之各四，其六十四而为一千五百三十六爻之卦气，以运行于天。四象立体，六甲循环，以见皇帝王霸之治迹。三百六旬有六之转旋，乾坤主之，属乎天之造化；衍之为元会运世，散之为年月日时。事有体用，而分皇帝王霸；业有心迹，而分易书诗春秋。理一分殊，无往而不在其中矣。

邵子先天卦气说

乾坤坎离，分配四时，主二十四气。坎尽子中，交离，初爻冬至，上爻惊蛰；离尽卯中，交乾，初爻春分，上爻芒种；乾尽午中，交坎，初爻夏至，上爻白露；坎尽酉中，交坤，初爻秋分，上爻大雪。

春夏秋冬，各用六十四卦气，皆中起子午卯酉为四中，二至二分当之，寅申巳亥为四孟，四立当之。

《经世历》以冬至为天地之元，元之元也，故云四正卦，而用三百六十卦气图。以春分为人物之元，亦元之元也，故用六十四卦而四之，为二百五十六位卦气图。以冬至子中为世之元，春分卯中为元之元，夏至午中为会之元，秋分酉中为运之元，合六十四卦，各以气运而更迭直事。

开物于寅中而起于惊蛰者，二月初气也；闭物于戌中而终于立春者，十月初气也。何也？曰：寅中戌中，虽主月会，而言其用则实由乎节气，地之生物以气为机，天之气先至，而后地之物应之，气之来常先半月，气以舒而长盈，月以疾而常缩。

故关子明云："当期之数，过者谓之气盈，不及者谓之朔虚。"气朔有盈虚之不齐，积微之久，中气或有居于月晦者，必闰以置之，乃复乎初。经本于先天，故中朔同起。卦气因先天，卦数取中气以主月。元会运世，皆从中起，所谓举正于中也。

《卦图》曰：大运法，当依经世数起于星甲辰子；小运法，当依卦气图起于甲己孟日。天统乎体，气之体生于四中，故大运甲子当冬至，而二十四气之首，皆得子午卯酉之四中也。气之用行于四立，故小运甲寅当立春，而二十四气之首，皆得寅申巳亥，而主乎四孟也。

朱子先天卦气说

朱子曰：先天图左方自震初为冬至，离兑中为春分，至乾之末而交夏至；右方自巽初为夏至，坎艮中为秋分，至坤之末而交冬至。

图之逆顺左右，先儒说之详矣。夫乾一兑二离三震四，已生之卦，其序自南而北；若卦气运行，则自北而南，一阳生于震始。故邵子以冬至子之半为复，十一月中也。十二月丑初小寒，其卦为颐屯益，月半大寒，则震噬随；正月寅初立春，其卦为无妄明夷，月半雨水，则贲既济家人；二月卯初惊蛰，其卦为丰离革，月半春分，则同人临；三月辰初清明，其卦为损节孚，月半谷雨，则归妹睽兑；立夏巳初，其卦为履泰，月半小满，则大畜需小畜；五月午初芒种，其卦为大壮大有夬，至乾之末交夏至，即午之半也。此三十二卦属阳，以当春夏。

巽五坎六艮七坤八，未生之卦也。图自西而北，若卦气之行，则自一阴生于巽始。故夏至午之半为姤，五月中也。六月未初小暑，其卦为大过鼎恒，月半大暑，则巽井蛊；七月申初立秋，其卦为升讼，月半处暑，则困未济解；八月酉初为白露，其卦为坎涣蒙，月半秋分则师遯；九月戌初寒露，其卦为咸旅小过，月半霜降则渐蹇艮；十月亥初立冬，其卦为谦否，月半小雪则萃晋豫；十一月子初大雪，其卦为观比剥，至坤之末交冬至焉，即子之半也。此三十二卦属阴，以当秋冬。

子至巳，乾兑离震六阳月，其节有四，冬至、立春、春分、立夏也。午至亥，巽坎艮坤六阴月，其节亦四，夏至、立秋、秋分、立冬也。一年八节，二之计一十六卦；外有十六卦，三之计四十八卦；并之则六十四，以当一期之气候。所以定时成岁，行鬼神成变化也。

六十四卦方圆图

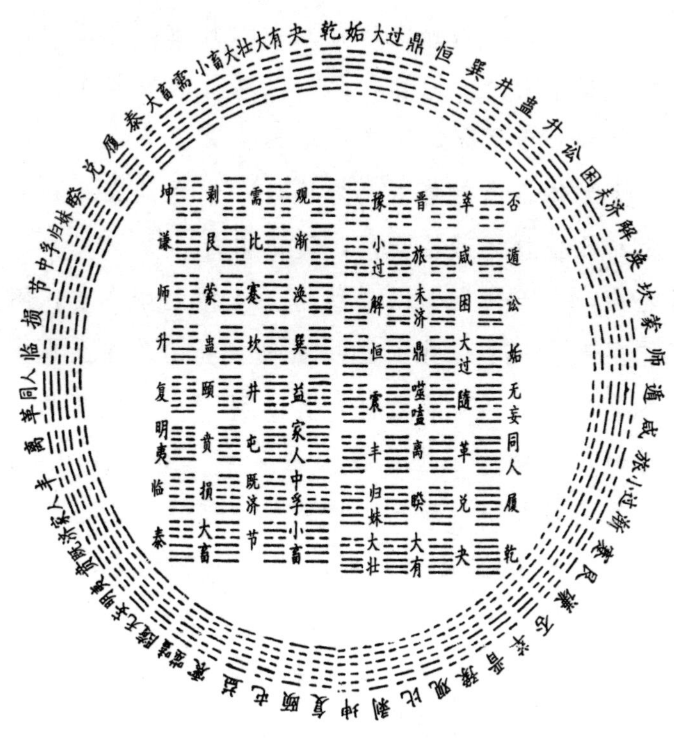

六十四卦方圆图说

愚按：先天方圆二图，一一相应。故邵子曰：变于内者应乎外，变于外者应乎内；变于下者应乎上，变于上者应乎下。

盖巽离兑以二十八阳，应坎艮震之二十八阴；坎艮震之二十阳，应巽离兑之二十阴。乾兑巽坎为上，则离震艮坤为下；乾兑离震为内，则巽坎艮坤为外。阳消阴长，每卦相效，未有变而不应者。变者从天，天左行而日移一度，应者法日，日右行而天应一度，皆左右相应也。日纪于星乾离也，月会于辰兑震也，水生于土坤坎也，火潜于石艮巽也，皆上下相应也。飞者栖木离艮也，走者依草震坤也，心肺相联乾巽也，肝胆相属兑坎也，皆内外相应也。所以易之六爻，初与四应，二与五应，三与六应，常相反对也。天地相函，牝牡相召，天阳地阴，天律地吕。

天声唱地，以乾兑离震居西北，唱地之五六七八一十六卦于东南，又交西南否遯讼姤等十六卦，是为寒暑昼夜变走飞草木之性情形体，得动数，十六卦成二百五十六卦位，含四变，凡动物之成败美恶，莫不由是。地音和天，以坤艮坎巽居东南，和天之一二三四一十六卦于西北，又交东北泰临夷复等十六卦，是为雨风露雷变性情形体之飞走草木，得植数，十六卦成二百五十六卦位，含四变，凡植物之荣枯华实，莫不由是。

西南之卦，自下而上，以观动物。动物之命在首，附天，以阳生乎下，在下之三十二卦，其一皆向上者，命在上也。故人首在上，而鸟兽皆横生。东北之卦，自上而下，以观植物。植物之命在根，附地，以阴生乎上，在上之三十二卦，其一皆向下者，命在下也。故人肾在下，而草木皆倒生。然后配以音声之卦，则日月星辰之声，天卦百五十二也。水火土石之音，地卦百五十二也。

又按：六十四卦圆布者，乾尽午中，坤尽子中，离尽卯中，坎尽酉中。阳生于子中极于午中，阴生于午中极于子中。其阳在南，其阴在北。方布者，乾始于西北，坤尽于东南，其阳在北，其阴在南。此二者阴阳对待之数。圆于外者为阳，方于内者为阴。圆者动而为天，方者静而为地。

圆图乾在南，坤在北，方图坤在南，乾在北，乾位阳画多，坤位阴画多，阴阳各以类而聚，图以圆函方，以见天包地外，地在天中矣。方图西北十六卦，天卦自相交，东南十六卦，地卦自相交。其斜行则乾兑离震巽坎艮坤，自西北而东南，皆阴阳之纯卦，所以不能生物也。西南十六卦，天去交地，天卦皆在上，而生气在首，故能生动物，而头向上；东北十六卦，地去交天，天卦皆在下，而生气在根，故能生植物，而头向下；其斜行则泰损既济益恒未济咸否，自东北而西南，皆阴阳得耦之卦，所以能生物也。吾因是而有以知，植物之命在乎根，动物之命在乎首也。

又合二图而观之，方图乾处圆图亥位，谓之天门，是天气下降也。坤处圆图巳位，谓之地户，是地气上腾也，此两十六卦，所谓阴阳互藏其宅也。泰处圆图寅位谓之鬼方，否处圆图申位谓之人路，此两十六卦，是天交地，地交天，而生生不息，所以泰居寅，而否居申，所谓阴阳各从其类也。

夫圆图主运行之事，方图主生物之事。运行者，气也，生物者，质也。气非质则无以附丽，质非气则岂能生物也哉？可见天有生物之气，地有成物之形也。

愚按：元会运世之数，一运当三百六十年，可以推历代之治乱。子至卯，阴中阳，将治也；卯至午，阳中阳，极治也；午至酉，阳中阴，将乱也；酉至子，阴中阴，极乱也。

先天图自泰历蛊而至否，自否历随而至泰，即南北之运数也。盖泰与否相对，蛊与随相对。故曰：自泰至否，其间有蛊。蛊之者谁？阴方用事，阳艮以止，阴邪巽入，否斯至矣。自否至泰，其间有随。随之者谁？阳震顺动，兑阴随之，民悦无疆，泰无不宜。此否泰蛊随，殆亦天门地户，人路鬼方，出入之交欤？

数往者顺，自子至午，震离兑乾，治之象；知来者逆，自午至子，巽坎艮坤，乱之象。当背北面南观之，即知顺逆。唐至五代，包六甲子，半治半乱；宋乾德至今，又六甲子，中经南人用事，南禽随气过北而乱。康节盖以数推之。

六甲子者，三百六十年也，即一日十二时之数。自尧甲辰，起运月巳、辰未、星癸迄今，月仍在午，辰方过酉，为年者三千六百六十，为世者仅一百二十二，何其速哉？古今在天地间，犹旦暮尔。圣人通乎昼夜之道而知，故能以一时观万时，一世观万世。

愚录世运于十二会运之终，其有感也夫。

天地始终之数

康节先生传连山易于山林隐德之士，以天一地二，天三地四，天五地六，天七地八，天九地十，分十等曰元会运世岁月日时分秒，作《皇极经世书》，自元至时隶之卦，而分秒行乎八卦之间，有卦有数，天地人物皆囿于其中，而卦数则穷物之情、极物之变，虽鬼神之不测，天地之无穷，亦不逃焉耳矣。

一元十等数

一元[①]

十二会（坤当元气以一会为一年）

三百六十运（天以一运为一年）

四千三百二十世（地以一世为一年）

一十二万九千六百年

一百五十五万五千二百月

四千六百六十五万六千日

五亿五千九百八十七万二千时

一百六十七亿九千六百一十六万分

① 乾当太极以一元为一年。

二千一十五亿五千三百九十二万秒

一会

三十运

三百六十世

一万八百年

一十二万九千六百月

三百八十八万八千日

四千六百六十五万六千时

一十三亿九千九百六十八万分

一百六十七亿九千六百一十六万秒

一运

十二世

三百六十年

四千三百二十月

十二万九千六百日

一百五十五万五千二百时

四千六百六十五万六千分

五亿五千九百八十七万二千秒

一世

三十年

三百六十月

一万八百日

一十二万九千六百时

三百八十八万八千分

四千六百六十五万六千秒

一年

十二月

三百六十日

四千三百二十时

一十二万九千六百分

一百五十五万五千二百秒

一月

三十日

三百六十时

一万八百分

一十二万九千六百秒

一日

十二时

三百六十分

四千三百二十秒

一时

三十分

三百六十秒

一分

十二秒

一秒

一秒在瞬息，细之又细，分而归律吕声音以取数，所以穷尽天地间万变万化、万事万物也。

以元经会说

以太极观天地，则天地亦一物也。盖天地虽大，不过形气之凝结耳。经者对纬之名。以元为经，则始终此元而已矣，以会为纬，则有十二变焉。凡此十有二变，在一元则为十有二会，在一运则为十有二世，在一岁则为十有二月，在一日则为十有二时，在一分则为十有二秒。十有二变之数，无往而不在焉。则变者其纬也，不变者其经也。于纬之中有以执其经，于变之中有以守其常也。共三百六十运，分二十四气，每一气之首，藏四爻准闰。运世年为大运，皆起泰损大畜节；月日时为小运，皆起升蒙蛊井。每运一卦，中四爻直事。

日甲，月子，一，星三十，辰三百六十，年一万八百，复䷗。[1]

此一会，但有天耳，未有地也。地且未有，而况人乎？然是理是数已具于无形之中矣。逆而推之，可以知其必有三十运三百六十世一万八百年，而当第一会之数也。节始冬至，闰爻泰卦，至戊寅第十五运节交小寒，闰爻大有卦。

月丑，二，星六十，辰七百二十，年二万一千六百，临䷒；

此一会但有地耳，未有人也。人且未有，而况于物乎？然是理是数已具于无形之中矣。逆而推之，可以知其六十运七百二十世二万一千六百年，而当第二会之数也。节交大寒，闰爻涣卦，至戊申第四十五运节交立春，闰爻晋卦。

月寅，三，星九十，辰一千八十，年三万二千四百，泰䷊；

当此一会之半，既已有人，亦复有物，人物既具，则必有主之者矣。斯时也，岂非三皇之时乎？然易有其象，未有其辞，辞既不传，事亦难考。是故逆而推之，运世可知也。节交雨水，闰爻屯卦，至戊寅第七十五运节交惊蛰，闰爻震卦。

月卯，四，星一百二十，辰一千四百四十，年四万三千二

[1] 此处排列，应为：日，元；月，会；星，运；辰，世；年，年。本处可排为：日甲（第一元），月子（第一会，下仿此），星三十（运累计至三十，下仿此），辰（世累计至三百六十，下仿此），年（年累计至一万八百，下仿此）。日甲元；月子会，月子为第一会；3番“星甲—星癸”运，故计30运；30番“辰子—辰亥”世，故计360世；18番“60花甲子”年，故计10800年。

百，大壮䷡；

此当第四会，计一百二十运，一千四百四十世，四万三千二百年也。节交春分，闰爻损卦，至戊申第一百五运，节交清明，闰爻夬卦。

月辰，五，星一百五十，辰一千八百，年五万四千夬䷪；

此当第五会，计一百五十运，一千八百世，五万四千年，节交谷雨，闰爻坎卦，至戊寅第一百三十五运，节交立夏，闰爻蛊卦。

月巳，六，星一百八十，辰二千一百六十，年六万四千八百，乾䷀；

此第六会，计一百八十运，二千一百六十世，六万四千八百年，节交小满，闰爻比卦，至戊申第一百六十五运，节交芒种，闰爻颐卦。

当壬戌第一百七十九运，黄帝即位，此运二千一百四十五，在戊申世甲子年也。少昊氏即位，在此运二千一百四十八，辛亥世甲辰年。

帝尧即位，在此运二千一百五十六，己未世甲辰年。

帝舜即位，在此运二千二百二十八，辛酉世丙辰年。

月午，七，星二百一十，辰二千五百二十，年七万五千六百，姤䷫，

此第七会，计二百一十运，二千五百二十世，七万五千六百年，节交夏至，闰爻大畜卦。当甲子第一百八十一运，二千一百六十一世，甲子年，即夏禹王八年也。

乙丑第一百八十二运二千一百七十三世甲子年，夏孔甲三十三年也。

丙寅第一百八十三运，二千一百八十五世，甲子年，商王祖辛十年也。

丁卯第一百八十四运，二千一百九十七世，甲子年，商纣十八年；至己卯，周武王初年。

戊辰第一百八十五运，二千二百单九世，甲子年，周幽王五年也。

己巳第一百八十六运，二千二百二十一世，甲子年，周威烈王九年；至二千二百二十八世，乙未年，汉高祖元年也。

庚午第一百八十七运，二千二百三十三世，甲子年，汉宣帝五凤元年也。

辛未第一百八十八运，二千二百四十五世，甲子，西晋惠帝永兴元年；至二千二百五十五世内，戊寅年，唐高祖武德元年也。

壬申第一百八十九运，二千二百五十七世甲子，唐高宗麟德元年；至二千二百六十六世，丙申年，宋太祖建隆元年也。

癸酉第一百九十运，二千二百六十九世，甲子年，宋仁宗天圣二年；至二千二百七十七世，甲子年，元至元元年。吴元年丁未，入此大有卦九二爻。

甲戌第一百九十一运，二千二百八十一世，乃明朝洪武十七年，甲子，入此运，戊寅第一百九十五运，节交小暑，闰爻履卦。

月未，八，星二百四十，辰三千八百八十，年八万六千四百，遯䷠；

此第八会，计二百四十运，二千八百八十世，八万六千四百年，节交大暑，闰爻随卦；戊申第二百二十五运，节交立秋，闰爻渐卦。

月申，九，星二百七十，辰二千二百四十，年九万七千二百，否䷋，

此第九会，计二百七十运，三千二百四十世，九万七千二百年，节交处暑，闰爻剥卦；戊寅第二百五十五运，节交白露，闰爻升卦。

月酉，十，星三百，辰三千六百，年十万八千，观䷓；

此第十会，计三百运，三千六百世，一十万八千年，节交秋分，闰爻升卦；戊申第二百八十五运，节交寒露，闰爻鼎卦。

月戌，十一，星三百三十，辰三千九百六十，年一十一万八千八百，剥䷖，

此第十一会，计三百三十运，三千九百六十世，一十一万八千八百年，节交霜降，闰爻否卦；戊寅第三百一十五运，节交立冬，闰爻益卦。当此一会之半，从有入无，谓之闭物，则其视于开物，相去远矣。然则如是而已乎？祝氏曰：穷则变，变则通。一元之后，安知不复有一元以继之？

月亥，十二，星三百六十，辰四千三百二十，年一十二万九千六百，坤䷁，

此第十二会，计三百六十运，四千三百二十世，一十二万九千六百年，节交小雪，闰爻损卦；戊申第三百四十五运，节交大雪，闰爻比卦。当此为混沌之世，浩浩无穷，生生不息，天运循环，无往不复，经子会又复开天矣。康节先生所以书日甲、月子、星甲、辰子者，以日甲后有日乙、日丙、日丁之元元也。

以运经世说

每三百六十年，配以二十四气，每一气一年，各准四爻，共二百五十六卦，一千五百三十六爻，而卦变一周，周而复始也。历代不复赘。演自午会第十一运，甲子世，戊申年，夬卦，九五爻直事，乃洪武元年也；至甲子年，乃洪武十七年也。

年之月卦

月为小运，卦起升蒙蛊井，每一分二气。当气之日，未当气

时辰之前，是前节气之卦；既交气时辰之后，交气时辰多少，用藏闰四爻；次日子时，方用正节气之四爻。此《经世书》藏闰之法也。

逐月用卦，以节气而藏闰者，气之盈也。至于每月分春夏秋冬，则不论节气，惟以晦朔弦望之分，朔之虚也。月大则七日三时为春，七日三时为夏，七日三时为秋，七日三时为冬，此《经世书》之用卦，所以备气盈朔虚之妙用。而元会运世各有缩为年月日时，各有伸为元会运世，微而一分亦可准为一元一会一运一世，一年一月一日一时，及微而一秒，亦可准元会运世与岁月日时。此分秒所以行乎其间，敛大为小，衍小为大，大以用小，小以用大。所以自天地而至毫厘之事物，皆不能逃乎卦数也。

《经世书》藏闰各有妙旨，藏闰所以为运行，显闰所以为休咎。如显闰则一日二十四分为闰，一月二十四时为闰（五刻当一时），一年二十四日为闰（六十刻当一日），一世二十四月为闰，一运二十四年为闰，一会二十四世为闰。闰主天地内之兵革疫疠饥荒，然亦分天下为一十六，以分野推之。

日之时卦

三百六十时为一周，每一时用四爻，每二刻用一爻，仍分节气藏闰，一时准一日三十时，两日半准一月。每月初一日子时，至初三日巳时，为正月；每初三日午时，至初五日亥时，为二月。

每一月准一年，而月之大，则三十时准一月；月之小，则二十九时准一月。盖月之大，则一月三百六十时（十二个三十也），月小则一月三百四十八时（十二个二十九），此《经世书》引而伸之，一元之内，闰大小皆不差矣。

日之时卦，只以年之月卦为用，但有起寅字之异耳。年之月卦，则以五虎元遁，而寅月起升蒙蛊井。张行成作《经世书通变》，不分大小运，皆起升蒙蛊井，盖只得牛无邪所谓“卦起升蒙蛊井”之一句耳。不知康节先生以元会运世年为大运，起泰损大畜节；月为小运，起升蒙蛊井之要诀也。

皇极起卦法

皇极起卦有四法：天数起于会之子，冬至甲子，卦自泰行也；地数起于运之甲，惊蛰己卯，方起泰卦；人数起于世之子，大雪甲己仲，用泰直事；物数起于月之寅，春分起泰，而用甲己孟。各各不同。起冬至者，天建子也；起大寒者，地建丑也；起惊蛰者，人建寅而缩一气，在正月之终气也；起春分者，帝出乎震也。天地人物各用一元，皆首于泰卦。若《通变》起元会运卦，其例犹未协，皇极用四数，不特元会运世与岁月日时而已。自乾与坤分，太极为易之门；一变而为四象，二变而为八卦，三变而为十六位，四变而为六十四卦；自四变而耦之，则先天图一百二十八卦也；四变而四之，则挂一图二百五十六卦也；四变而八之，则既济图五百一十二卦也；四变而十六之，则既济阴阳图之细数，各一千二十四卦也。八八之卦，亦四变而为用，故日月星辰之在天，水火土石之在地，士农工商之在人，无非四也。

皇极之法，妙在方圆曲直，运行以圆，生物以方，平行则直，斜行则曲，所以成变化而行鬼神，乘除消长由此而分也。先天以方圆二象合为一图，分两图别之为二，此元经会、会经运、运经世，皆圆图之用也。乾坤为大父母，其卦皆右行，从太阳也；姤为小父母，其卦皆左行，法四时也。右行之卦，皆一生二，二生四，四生八，八生十六，十六生三十二，三十二生六十四，至于反生一十七卦，而后会无极之数，即元终复有元之理也。左行之卦，自一而二，第第相承，如环无端，即岁尽又改岁之理也。二者逆顺异行，其数之差至于万万极，阳舒而阴缩也。

皇极二百五十六卦，只用内正外悔，二象之外，无爻义，故分两图，只用一二三四五六七八之数而定卦。至分两图变为既济图，皆以内外之数系卦，为挂一卦，以数取成二百五十六卦，其卦又自祖于先天圆图也。《观物外篇》言，乾兑离震用阳爻一百八，巽坎艮坤用阴爻一百八，又并阳侵阴、昼侵夜之数，又取坎艮之阳爻四十，共三百五十六爻者，即挂一卦之所祖也。是以摘爻明义，以所得之卦为吉凶也。

运会世并年月日入图诀

既济卦皆以尊居左，卑居右。如运与会，则运为尊；会与世，则会为尊也。位置矣，看左卦，有是地卦者，变为天，如坤变乾、巽变震是也；又看右卦，有是天卦者，变为地，如震变巽、离变坎是也。各变合天地之位了，乃横取之，方合既济图。植物卦亦然。

元经会观天也，会经运观地也，运经世观人也，声音律吕则又以之而观物也。

经世之篇，起唐尧用编年法，分三百六十年为一周，积为十运也。欲见三百六十年值年卦同而应验所以异者，在于值运、值时之卦不同，递互成章，不可为典常也。如泰否两卦，泰在否中则吉，否在泰中则凶，是小不胜大也。然泰在否中，而否自屯夬剥等卦来，则仍主凶也；否在泰中，而泰自大有谦无妄来，不能为灾矣，是弱不可以敌强也。天理人事，本不相远。阳多则为德，为君子，为平治，为丰大；阴多则为小人，为刑，为难厄，为迫促。观邵康节论大过之义，则逢大过卦者，岂可便为栋挠凶哉？谦无凶而夬剥无吉，恐亦未然，如谦当闭物，何吉之有？

皇极起例

皇极用卦之法，出于方外丹经之遗意。其歌曰："用卦不用卦，须向卦中作。及其用卦时，用卦还是错。"此以所得之卦，变而合位，不用元卦，所谓"用卦不用卦"也。又并两卦相合而交，取其正与悔各为一卦，以入既济卦之四象，此"须向卦中作"也。已得四象，又以入挂一卦，而后用之，犹以用既济卦为错也。今附例于后。

假如人来说"少禀"，就用"少"字算，少字书沼切，[①] 在二十七筱字韵，声属上声，音属齿音之第四声，属日月，声轻，乃夬卦；音属收，齿轻，乃比卦。以夬卦居左，比卦居右，二卦相并，其外卦是兑与坎合成困卦，内卦是乾与坤合成否卦，合既济图是会之元之运之元，困否入挂一图，乃大有卦，断之曰吉也。其数六兆五千万亿。第四声属丁，齿音四，属亥，四与十，得五十六数，去三十而用二十六，乘之则得一百兆之数也。数内隐天山遯卦，功成身退之象也。（自第四声属丁，至得五十六数，疑有错落。）

假如有事在心，忽闻牛叫。叫字是古吊切，在十八啸字韵，声属去声，音属舌音之第一，是声属月辰，乃随卦；音属唇音，轻闭，乃观卦。便以随卦居左，观卦居右，二卦相并，其外卦是兑与巽为大过，内卦是震与坤为豫卦，则合既济图是会之世之世之元，大过豫而入挂一图，乃既济卦也。断之曰：其事已成，在季秋尤吉。其数一万二千五百九十七亿一千二百万。其叫字属第三声，丙子四音巳，是二十八数，复以二十八因之，则得其事之

① 切，即反切，是古人在"直音"、"读若"之后创制的一种注音方法，又称"反"、"切"、"翻"、"反语"等。反切的基本规则是用两个汉字相拼给一个字注音，切上字取声母，切下字取韵母和声调。

数，三十五万二千九百一十九亿三千六百万。又断之曰：第三位空，其事虽成，于同幹人有不足。又数内卦八百二十亿为地泽临，此八月终之卦，至于八月有凶。

声括韵之平上去入，音括唇舌牙齿喉之开发收闭，要其实，则是释音之翻切字母也。如徒红切是同，因徒音与红声切同字也。皇极则反由同字求其声是红，为乾卦，音是徒，为升卦，而得同字者，以天卦乾地卦坤起数也。又如下孟切行，是行，因下音与孟声切行字也。皇极则由行字求其声是孟，为离卦，音是下，为艮卦，而以天卦离地卦艮起数也。

声属乾兑离震之卦，为日月星辰而唱乎地，动物之数也；音属坤艮坎巽之卦，为水火土石而和乎天，植物之数也。

皇极算气运之变迁，则四象自元之元顺念上去；若算动植之物，则四象自世之世逆念上去。亦如用卦，分大为小则自上而下，长小为大则自下而上也。

或曰："于物求声，尚自可定。飞禽走兽之声，各只一样，若之何而别之?"曰："皇极于动处起，在彼之声音可辨，以所辨而算之，若无可辨，则因人所问之声音而算之。且彼禽兽，彼草木，初不曾动也，或人即之而问焉，则是其动处，遂沿问者之声音而算之，何不可乎?"

难者曰："有一物则有一声音，是可以算矣。惟人也，为万物之灵，于一万七千二十四声与音，皆能言矣。取之何如?"曰："凡事之来，必有先兆。开端之初，是为先天，但取其初发之声音而算之。彼发问者之声音，有不期然而发露者，此先天也，盖嗜欲将至，有开必先，朕兆之萌，其端可测，知几其神乎?假如来占事，说'今欲如何?'则用'今'字算；或言'僭浼'，则用'僭'字算；或言'特来求数'，则用'特'字算；若未言先咳嗽，则用咳嗽之声算；若先言'少禀'，则用'少'字算。此为先天之义也。"

且如水若一也，而其声亦甚不同。深水之音浑浑，浅水之音泠泠，谷水之音哄哄，泉流之音涩涩，与石级之高下，隙穴之大小，自各不同。听水琴之涓滴隙器，而度可辨矣，隐其声以合卦，便可占其休否也。如火音亦与金木土之音有辨，皆可验从违也。至于物之器用，皆敲而取其音声，便可以配天地阴阳之卦。与夫人有言，欲求决可否得失，则法先天之义，听其第一句第一字入卦，盖发声之初，有不期其然而然之声音，嗜欲将至，有开必先，朕兆之萌，其端可测，知几其神乎？

今之推测事物者，用年月日时，此气运之变迁，流行于事物者耳，非人物禀受于天地之分量也。一旦瞬息之间，普天之下生几多物，物成多少字，积瞬息而为秒为分，积分成刻而后成时，一时之内万种变化，事物之应岂皆一律哉？欲以时分之而定其修短升沈美恶之分量，其可得乎？夫物之洪纤高下大小曲直，各有声音，万变不同。且如编钟编磬，同一物，形相似也，击之而分十六声，以合于正律，变律已不同矣。然其所以不同者，皆自黄钟等而下之也。而黄钟一声，又自多有长短高下厚薄之辨，所以历代之乐不中乎古之正音者，黄钟不得其真也，若得古人黄钟声之真方可。正乐今不传矣。且声音之浑厚沉重者，为黄钟，而浑厚沉重之声音，自有“洞同唐、鸣五降、平声王”之字不同，字既不同，则休戚便异，乃因一声一音，等而下之以为十六，是果得古乐之正乎？

梅花心易阐微卷二

问数答语

于越。李子问曰：予留心数学久矣，凡高贤名术，未尝不延款以探其蕴。何故验者恒少，不验者恒多？未有如先生之奇而多中，神而多验也。果有所秘传耶？抑独得之妙耶？曷不垂笔以示不朽？

杨子曰：具天地阴阳之理者，易也。所以体天地阴阳之理，随时变易以从道者，心也。心不能静，则无以决天下之疑，释天下之惑矣。学数之道，必先扫除杂念，收敛身心，以有为为应迹，以明觉为自然，久而行之，则志气清明，义理昭著，而理数自然贯通矣。

李子曰：养静之说，吾尝闻其概矣。敢问变易之说，何如？

杨子曰：易者，随时变易以从道也。易书虽为卜筮而作，而义理未尝不该。苟专于卜筮以求易，则得其形而下者，遗其形而上者，殆非体用一原、显微无间之道矣。苟专于义理以求易，则无以定天下之吉凶，决天下之得失。岂圣人所谓“无大过，而吉凶与民同患”之意哉？故易卦虽有一定之名，而气随时转，不无衰旺之分。论卦不论气，则局于象，昧于时，得其影响，而不能真知灼见矣。若能看得卦气透彻，不惟知吉凶，而亦能识造化之根源也。

李子曰：卦气之外，无乃别有机乎？

杨子曰：数固天地盈虚往来一定之理，而此心之灵，不假思虑，不劳卜度，有以开天下之物，成天下之务者，惟寂然不动而已矣。昔张子厚为商洛令时，屡过康节先生之庐，拜而问曰："此学几日可尽?"先生曰："本无多事。以子之才，顷刻可尽。须弃却仕宦，静养十年，使尘虑消散，自然有得。"邢叔和来学，援引古今不已。先生曰："姑置。是先天，未有许多语，且当虚心，使胸中荡然无一事方可。"其诗曰："若论先天一字无。"又曰："身在天地后，心在天地先。"又曰："天向一中分造化，人从心上起经纶。"他日又曰："数学非十年则不成。"由是观之，可见学数以静养为先，卦气为要也。心静则胸次玲珑，物来顺应。鲁斋有云："先天之学纯乎天者也，非纯乎其天之人，不可轻授。"盖以此数蕴神仙之秘诀，泄造化之元机，得之者当重，非其人不传。故康节不授邢叔和，而愿授程明道，岂无所见而然耶?

李子曰：命之矣，敢不勖诸。

然观物必有筌蹄，请书于后。

观物筌蹄

一曰论动静

夫动静者，吉凶悔吝之本。盖嗜欲将至，有开必先，朕兆之萌，其端可测，一动一静之间，有自然之数，不动不占，不因事不占。故皇极之数，专在动上求之。凡意所萌动，务以先闻先见之动物为主，因动而起，则祸福可前知矣。

故以二动合为一卦，或一动则不可算，一动一静，则可算。盖动静相连，亦是数也。若所动者既杂，则以先闻先见者算之，其余不可用。凡看动物，以先得者为上卦，后得者为下卦，次加年月日时，又次加阴阳之策，共成若干，仍以克太岁之卦除之，然后方成一数。

如以手执笔，笔动而手亦动也。如以手取刀裁纸，乃是三件物，未将刀到纸边时，只以手与刀两件算数。若已将刀正裁纸时，只算刀与纸，不可算手。此是二动连属之义。

一动一静者，如以手拍棹，则手动棹不动，如抬棹则是二者俱动也。如以脚震地，脚动而地不动。此是一动一静连属之义。须要动静相关，然后可用。举此为例，余可类推。

然动静之中，难以取舍，有自己之数，有他人之数，有物之数。如自己算数，心下主定何事，静坐自看，我身上如何动，或头动，或手足动，或沿衣而动，须是无心之动，便可取而下数。已得动数，或再有动，不可用，只以先动者为主。

如有人来问我，须从那人来问时，观他身上动静而下数，方是亲切。如算物，取物动处而下数。要在澄心取动，动取不真，则数不验矣。

二曰论卦象

夫卦象者，圣人仰观俯察、近取诸身、远取诸物之象也。故乾健坤顺、乾马坤牛之属，易中备载，不能尽述。明理者，以象推之。今略以同类者辨焉。

且如乾兑皆属金，何以分别？盖乾乃贵重圆健之物，兑乃毁伤破缺之物。坤艮皆属土，盖坤为地，艮为山，或在高山，或在平地，自是不同。震巽皆属木，盖震为阳木，巽为阴木；其发生茂盛萌芽者，震也，枯槁憔悴者，巽也；又有棹凳床柜之类为巽，苍筤萑竹之类为震。内虚外实者为离，内实外虚者为坎，日亦为离，月亦为坎。凡取动数，当以此卦算数。

三曰论卦气

夫卦气者，旺相休囚之气也。维天之命，于穆不已。故春木夏火秋金冬水，土旺四季，无非生长收藏之气。卦名不易，而气随时转，自有真假进退元耗浮沈之殊。占断之际，当按时审气，不可拘拘于卦名。故当时用事者，谓之真；背时无气者，谓之假；气候将临者，谓之进；气候已往者，谓之退；四植生扶者，谓之元；四植泄气者，谓之耗；不当令而日辰生旺者，谓之浮；死休囚废而受制于时者，谓之沈。沈气则欲速而不达，浮气则当权而不久，耗气则随得随失，元气则根深而福厚，退气则有今而罔后，进气则方兴而未艾，假气则虚多而实少，真气则成始而成终。审此而断之，则祸福如悬鉴矣。

四曰论审机

夫审机者，观之语默动静之机也。人来求我之际，言虽未出于口，而形于身、见于事者，自有动静往来真假虚实之机。入门之际，当审其机。观其气色之忧喜，而参之以卦象之休旺，则事之可否，亦可得而前知矣。

盖临事之际，见物偶然起者，谓之动；偶然安息者，谓之静；人物之去，谓之往；人物之至，谓之来；布帛谷粟之类，谓之真；纸花木果之类，谓之假；有声无形者，谓之虚；有形有象者，谓之实。动则其事速。静则其事迟。凶事欲其去。吉事喜其来。求官问利爱其真，问事寻人怕其假，兴词讼诉嫌其虚，作事谋为利其实。以此八机，合前八气，化而裁之，变而通之，则未来已往之事，皆可得而前知矣。

人之气色，必于动物观之。盖气从中出，为内卦；色见于外，为外卦。人有喜怒舒惨，不若就动处起之，为有准也。

五曰论卦义

夫卦义者，文王周公孔子所系之辞，自有深意存乎其中也。如乾为刚健，亦为亢滞，君子得之多吉，小人得之多凶。坤为厚实，亦为重浊，有得之而富贵者，有得之而愚顽者。坎有润物之功，亦有陷溺之象；离有文明之义，亦有乖离之理；兑为和悦，亦为诡随；艮为静止，亦为时行；震为震动，亦为惊恐；巽乃顺，亦为不果。

又乾为君父之道，坤为臣子之道，咸姤利于婚姻，鼎革利于更改，待于需，进于晋，行师于师，争讼于讼，聚于萃，散于涣，退于遯，守于困，安于恒泰，厄于蹇夷，盈于丰有，坏于损蛊，家人之在室，旅之在途，此皆卦象之义也。

起数之时，不可执一，当随其机之吉凶，日辰之休旺而言之。盖身数旺则福可成，否则福变为祸矣。故曰：君子修之吉，小人悖之凶，在人为之何如耳？尧夫之言，亦有观世之义。学数者，当深致其思。

六曰论生克

夫生克者，八卦相生相克之义也。大抵卦贵生不贵克，克则凶，生则吉。其理以日干为主，以数为宾；一数之内，又以运为主，元会世为宾。最要宾生主，又生日辰为妙。元会世生扶运爻则吉；元会世生运，运又生日辰者为上吉。日辰与运数相生相合，而元会世来克运者，则事虽好而机不及时，为人所制伏。若元会世俱来生运，运与日辰不相生者，此好中不足之数。

凡卦，生要生回，克宜克出。逆克者耗气，如算一年，则以年干断；浅近之事，则以日干断。此皇极之通论也。大抵日辰尤为紧要，纵观年月，亦要参看日辰，两下俱吉则吉，两下俱凶则凶，此四柱归一之论。

盖运者，一数之领袖。元会世或有归还魁贵禄马来生扶运数，运数又逢吉曜，是谓逢吉，为官者升迁，为士者登科，为商者进财，或得上人提拔。如会世好数来生运，运虽不旺，亦为有救。若会世之数带煞克运，运逢生旺带吉曜者，当招不义之财，得小人之力。好数克身则福浅，恶数克身则祸至。若身数更不吉，斯为下矣。然后以升降错综乘除之数审之，仍以卦之爻变佐之。

数为卦之体，卦为数之用，体用俱吉为上。体重而用轻，数若不好，则卦亦徒好也。初下之数，论事体之本末；升降观事体之中；错综乘除观事体之终。有先吉后凶者，有先凶后吉者，以数论之。

七曰论冲合

夫冲合者，日辰与卦象相冲相合也。冲者，其事散，合者，其事成。各有所合，不可以一例论之。

冲者，冲动其事。冲百与零，他人动；冲十，自己动。十零与日辰相冲者，作事散失。冲年为一岁之事，冲月为一月之事，冲日为一日之事。凡数与年月日时相冲为不吉，与运数相冲者次之。

合者，其事成也。数与年月日时相合者为上吉，与运数相合者次之。合年一年皆吉，合月一月皆吉，合日一日皆吉。合百零与他人相好，合十与自己相好。十零与日辰相合，所为皆成。若数来合运，人来求我；运去合数，我去求人。日辰合运，有上人来寻我，或好事临身。冲者反是。

八曰论刑害

夫刑害者，败事不吉之数也，数中逢此，凡百忌之。

有与卦数相刑者，有与日辰相刑者。刑克日辰，非与人争斗，即灾患相侵；刑克卦数，非作事不成，即悔气懊恼。刑年一年之事，刑月一月之事，刑日一日之事。如寅日刑巽、巳日刑坤之类。

害者，六害也。断法与刑同。

九曰论生旺墓绝

夫生者长生，旺者帝旺也。

数得生旺而逢吉者，有财有喜；数得生旺而逢凶者，虽则有喜不免灾悔。年得生旺者，一年迪吉；月得生旺者，一月迪吉；日得生旺者，一日迪吉。非高人见访，即亲友相迎；非进财帛，即饮食宴会。带克者，名为不静。十数生旺，而带六虚或耗数者，财必散失。占病喜长生，求官喜帝旺临官。

墓绝者，天干逢墓绝是也；破耗者，卦泄干支之气也；囚陷者，卦克地支是也。年干墓绝，一年不显；月令墓绝，一月晦滞；日干墓绝，一日不快。破陷同此而推。如年干气旺生运，或运带喜生年干，又主进财；克者不吉。

十曰论虚耗

夫虚者空亡，耗者不用也。此数固为不吉，各有所用，凶事喜之，吉事忌之。惟有僧道遇之反吉。故："甲子旬中乾象忧，甲寅坎艮亦同流。甲辰艮震何须问，甲午巽象不须投。甲申离坤君须记，甲戌坤艮怕当头。卦中如若来相遇，进用求谋百事休。"此空亡之宿也。"甲子旬中艮兑宫，甲戌还在三四中。甲申五六为无用，甲午怕见七八逢。甲辰又当九与十，甲寅七八九十同。上为男忌下为女，遇此名为不用星。"此耗气之宿也。

八卦取象

乾☰

三画皆奇曰乾，乾者，健也。于穆而不已，运行而不息，其体则刚健而中正，其德则广大而高明，所以取象于天而不诡随也。占非正固，则无以保其终而不利矣。

其卦得时于秋，耗气于冬，休废于春，受制于夏，得气于四季也。

在下刚于内，在上刚于外。

在身体，面部方圆，威仪翘楚，性情豁达，心地高明，包容万物，乐善施仁。

在人事，上为豪势之象，下为强横之为，生则大人提携，官贵赐予，克则尊长相陵，公门见忌。

在天文为天清气朗，在地理为大郡名邦，在人物为大人、长者、父老、官员，在官职为尚书、天部、上卿、台阁、风宪、法司、牧伯、州县或宣命朝官，在房屋为楼台、公廨、寺观、庙宇，在时序为九十之交、戌亥月日，在动物为鹰鹏、鹳鹤、狮象、骒马，在植物为牡丹、芍药、圆眼、荔枝、胡桃、松栗、桃李、梨梅。

在器用为刚圆之物、贵重之器，旺则金银、首饰、宝石、珍珠；衰则镜盘、酒盏、钟磬、锣铛。

在坟墓，为西北方，金星起顶。在五音为商，其声散以明，其和温以断。在五则为方为矩。在五事为言顺从而作义。在五常为义为事之宜。在五色为白。在五性为魄。在五情为恶，恶为战斗。在五声为悲泣。在五脏为肺，在五臭为腥，在五味为辛，在五气为凉。在五经为书，又为春秋。在五星为太白，在天干为壬甲，在地支为戌亥。在字形为金旁，盖头为方圆之字。在数目为一四九。

遇壬甲日为天禄，遇戌亥日为地禄，遇丙丁日为天贵，遇巳酉丑日为鞍马。

其策二百一十六，其轨七百六十八。

兑☱

一阴进乎二阳之上为兑，兑者，说也，刚中柔外，说以利贞，君子之正道也。非道求说，则为邪佞而有悔矣。其象为泽。君子以朋友讲习，则义理相益而不穷也。

其卦得时休废，与乾同。

在下说于内，在上说于外。

在身体，容貌白净，器宇峥嵘，身体短小，受制露形，性情和说，口快多言，招人谗谤，暗地毁伤。

在人事，合则喜友迎宾，爱好讲习；冲则昧暗谗谤，是非毁伤。

在天文为星为月，雨泽雾露；在地理为井泉池沼、崩坏倒塌之处；在人物为兄弟、朋友、少女、童仆、妓妾、巫师、牙妁、媒人；在官职为考校、儒官、令尹、武职；在房屋，朽坏舍宇，倒塌旧房；在时序为酉年月日，或生旺月日；在动物为鹭鸶、鲜鱼、羊鹿、猿猴；在植物为胡桃、松栗、杏李、梅梨；在器物为酒瓶、碗盏、有口破缺之物；在坟墓为正西方金星有缺；在五音五则等类俱与乾同；在天干为丁，在地支为酉；在字形为金旁口旁；在数目为一四九。

遇丙日为天贵，遇丁日为天禄，遇酉日为地禄。

其策一百九十二，其轨七百三十六。

离☲

一阴居二阳之中为离。离者，丽也。其象为火，阴丽于阳，中虚而外实，内暗而外明，柔顺以丽中也。为能处乎正道则亨而又能柔顺，无不吉矣。

其卦得时于夏，休废于秋，受制于冬，得气于春，耗气于四季也。

在下明于内，在上明于外。

在身体，容仪秀丽，面赤发黄，身材五短，腹大头尖，情怀光霁，好善乐贤，语言辩给，性急无常，心不藏物，机谋敢当。

在人事，志虑忧疑，行事不实。

在天文为日虹、霞电、旸曝、燠烜，在地理为正南炉冶之处，在人物为师儒、武弁、中女、吏丞、军兵、勇士，在官职为通判、教职、翰院、中丞，在房屋为中堂、虚阁、竈舍、厨房，在时序为午年月日，在动物为彩雉、鸂鶒、蜂蝶、蜻蜓、蟹螺、龟鼈、虾蚌、团鱼，在植物为樱桃、枣杏、花红、石榴、柿子、葵花、外刚内柔、红紫之果，在器用为灯笼、果盒、漆器、托盘、文书、印信、甲胄、干戈、网罟、帐幕，在坟墓为正南乾燥之地。在五音为征，其声贬以疾，其和柔以切；在五则为衡为平；在五事为视，明见而作哲；在五常为礼为辞让，在五色为红，在五性为神，在五情为喜好，在五声为笑乐，在五脏为心，在五臭为焦，在五味为苦，在五气为燥，在五经为礼，在五星为荧惑，在天干为己，在地支为午，在字形为中虚日旁火旁，在数目为三五七。

遇己日为天禄，遇午日为地禄，遇辛日为天贵。

其策一百九十二，其轨七百三十六。

震☳

一阳生于二阴之下为震，震者，动也。当震之来，虩虩恐惧而有不安之状，君子能恐惧修省则致福，而不失其所矣。

其象为雷，得时于春，耗气于夏，受制于秋，休废于冬，克制于四季也。

在下动于内，在上动于外。

在身体，容仪魁伟，气宇轩昂，髭髯盛美，身体长大，性情无毒，志大气刚，多动少静，喜怒不常。

在人事，心地恍惚，举动忧疑，为事多虚少实。

在天文为雷电虹霓，在地理为大涂市宅，树木繁茂之所；在人物为将帅、长男、豪杰、权势子弟、客商；在官职为监临、郡守、参戎、兵备，或闹市司货之官、守关巡逻之职；在房屋为大涂屋宇、市口人家；在时序为卯年月日；在动物为蛟龙、蛇蟒、蝉蝶、飞蛾；在植物为苍筤、萑苇、蕃鲜、竹木；在器用为琴瑟、鼓笛、舟船、车轿、耒耜、网罟、笾筐、筛簸、腰绖、缠带；在坟墓为正东有树木之地；在五音为角，其声防以约，其和清以静；在五则为规为圆；在五事为貌恭敬而作肃；在五常为仁心，为恻隐，为道德性命，为修己；在五色为青；在五声为呼；在五臭为膻；在五性为魂；在五情为怒；在五脏为肝；在五味为酸；在五气为温；在五经为诗；在五星为岁星；在天干为庚；在地支为卯；在字形为木旁；在数目为四三八。

遇庚日为天禄；遇卯日为地禄；遇壬癸为天贵。

其策一百六十八，其轨七百零四。

巽☴

一阴伏于二阳之下为巽，巽者，顺也。其象为风，以阴从阳，以柔从刚，上顺下而出之，下顺上而从之，所从乃得其正矣。

其卦旺相于春，耗气于夏，受制于秋，得气于冬，休废于四季也。

在下顺于内，在上顺于外。

在身体，寡发广额，身体修长，容貌洁净，白眼多焉，心性工巧，喜怒不形，谦卑恭逊，和顺得中，聪明博览，好学多能。

在人事为馈送、荐举、道术、婚姻。

在天文为风云、雾气；在地理为蔬圃、园林；在人物为文明秀士、道术、医人、客商、工匠、长女、乐工；在官职为风宪、决狱、考校、提刑及礼法之官；在房屋为清幽广厦、竹舍茅篱；在时序为三四之交辰巳之月；在动物为飞禽、鸣鸟、鹅鸭、鸡凫；在植物为牡丹、芍药、酸桃、涩李；在器用为门扇、桌凳、纸札、书籍、箫管、乐器；在坟墓为东南方园林树木之所；在五音五则类与震同断；在天干为辛；在地支为辰巳；在字形为竹头草头；在数目为五三八。

遇辛日为天禄；遇辰巳日为地禄；遇壬癸日为天贵。

其策一百九十二，其轨七百三十六。

坎☵

一阳陷于二阴之中为坎，坎者，陷也。阳陷于中，为阴所溺，是为重险之义，能尽其诚，则出险而有功矣。

其象为水，旺相于冬，耗气于春，休废于夏，得气于秋，受制于四季也。

在下陷于内，在上陷于外。

在身体，容貌清秀，气语骄奢，出众超群，卑以自牧，随方就圆，心地委曲。

在人事，为矫揉隐伏，变诈不常，藏机用佞，柔顺多端。

在天文为云雨、霜雪；在地理为江河、湖海、溪涧、井泉；在人物为商货、盐客、中男、乐工；在官职为屯田、水利、盐运、提举、管粮、管水之官；在房屋为近水之居；在时序为子年月日；在动物为鹿豕、鱼鼍、蚌蛎、虾蟹；在植物为蒺藜、丛棘，内刚外柔之果；在器用为水晶、铅锡、舟车、盆桶、酒筵器具；在坟墓为正北方穴，内有水；在五音为羽，其声散以虚，其和断以散；在五则为权度；在五事为听聪，闻而作谋；在五常为智、为是非、为曲折；在五色为黑；在五声为悲号；在五臭为臭；在五味为咸；在五性为精；在五情为恐；在五脏为肾；在五气为寒；在五经为易；在五星为辰星；在天干为戊；在地支为子；在字形点水，弓旁月旁；在数目为一三六。

遇戊日为天禄；遇子日为地禄；遇乙己日为天贵。

其策一百六十八，其轨七百零四。

艮☶

一阳止于二阴之上为艮，艮者，止也。阳动而阴静，上止而下静，行止不失其时，其道光明也。若当行而止，当速而久，皆出其位而有咎矣。

其象为山，得气于夏，耗气于秋，受制于春，休废于冬，旺相于四季也。

在下止于内，在上止于外。

在身体，容貌厚重，器宇峥嵘，语言简当，爱静性情，行止笃实，作事不轻。

在人事，为濡滞、多疑、进退、不果。

在天文为阴云、晦雾、烟瘴、山岚；在地理为山溪、径路、城廓、丘陵；在人物为僧道、医术、童男、幼子；在官职为门禁、佐贰官、山郡管粮之任；在房屋为山庄、宅舍，或门庭、径路；在时序为丑寅之交；在动物为狗、鼠、兔、狐、尖嘴黔喙之属；在植物为茄芋、山药、王瓜、笋菜；在器用为磁盆、瓦钵、上尖下圆有口之器物；在坟墓为东北古迹之地；在五音为宫，其声洪以舒，其和清以柔；在五则为绳直；在五事为思，通微而作圣；在五常为信为诚；在五色为杂褐色；在五经为礼乐；在五情为歌乐；在五声为吟咏；在五脏为脾；在五臭为香；在五味为甘；在五气为湿；在五性为意；在五星为镇星；在天干为丙；在地支为丑寅；在字形为山头、土旁、横画；在数目为七五十。

遇丙日为天禄；遇丑寅日为地禄；遇甲戊庚日为天贵；遇申子辰日为鞍马。

其策一百六十八，其轨七百零四。

坤☷

三画皆耦曰坤，坤者，顺也。顺以承乎天，厚以载乎物，其体含弘而不耀其德，资生而不息，为阴之纯，而顺之至也。故虽重之而名与象，皆不易焉。其占为大亨而利，以顺健为顺也。

其象为地，旺相于四季，得时于夏，耗气于秋，受制于春，而休废于冬也。

在下顺于内，在上顺于外。

在身体，容貌厚重，威仪不苟，性情缓慢，诚实不浮，言不乱发，事不轻为。

在人事，悭吝鄙啬、迟疑不决。

在天文为雾气、阴云；在地理为郊原四野；在人物为老母、阴人、农圃、妇女；在官职为守土司农之官，工部教民之职；在房屋为村庄、宅舍、近圃垣墙；在时序为六七之交未申月日；在动物为鸭、雀、蜘蛛、牛、马、驴、骡；在植物为薯、芋、谷、粟、黍、稷、稻、粱、王瓜、山药；在器用为舆釜、瓦器、陶冶之属，布帛、丝绵、五谷之类；在坟墓为西南平原郊野之地；在五音为宫，五则五事，与艮同推；在天干为乙癸；在地支为未申；在字形为横画山头土旁；在数目为八五十。

遇甲戊庚乙己日为天贵；遇乙癸为天禄；遇未申为地禄；遇寅午戌日为鞍马。

其策一百四十四，其轨六百七十二。

八卦变象

乾　卦

生合得令，为刚明正直之事，贵重成器之金；刑克耗气，为公门非横之事，铜铁不贵之器。

故乾，见乾其物贵重而刚圆，见坎晦光而沈溺，见艮非矿石即带土之金，见震钟鼓有声之物，见巽刀斧有柄之物，见离乃中虚成器之物，见坤为上衣下裳，见兑为铜铁之器、损坏之物。

初爻动变巽，乃金刀削过之木；二爻动变离，乃火锻过之金；三爻动变兑，乃五金废坏之器，虽圆而损缺也。

兑　卦

生合得令，为欢喜和悦之事，铜铁成器之物；刑克耗气，为暗昧谗谤之虞，粗鄙损坏之物。

故兑，见乾先损而后益，见坎为泽中之物，见艮为金石之废器，见震为刀鎗，见巽为箭簇或琢削之类，见离为金钗之类，见坤为土中沈埋之器具。

初爻动变坎，为酒壶、酒盏；二爻动变震，为乐器、铜铁钉成之物；三爻动变乾，乃整旧为新之贵物也。

离　卦

生合得令，为文书印信之事，中虚华丽之物；刑克耗气，为忧疑争斗之事，窑灶炉冶之物。

故离，见离为灯笼火烛之类，见坤为瓦碟磁器，见兑为锻炼之金，见乾为文书诏旨，见坎为废坏或水火激搏之物，见艮为瓦器或夜行之具，见震为甲胄戈矛，见巽为文章书籍。

初爻动变艮为砚石瓦器，二爻动变乾为水火锻炼而成之器，三爻动变震为旗号长鎗之属。

震 卦

生合得令，为科名征召之举，蕃鲜竹木之具；刑克耗气，为虚惊忧闷之事，动作不宁之虞。

故震，见震为有声之器，见巽为工巧之具，见离为纸笔文书之属，见坤为柔软之类，见兑为有声可击之物而损缺也，见乾为钟磬有声之物圆全而无伤，见坎为生意或水火应用之物，见艮为俯覆之物。

初爻动变坤为土中生长之物，二爻动变兑为刀斧有柄之物，三爻动变离为灯笼果盒之类。

巽 卦

生合得令，为升迁文书之事，布帛丝绵之类；刑克耗气，为进退不果，交易利市之为。

故巽，见巽为工巧竹木之器，见离为文书笼罩，见坤为土中生长之物，见兑为称衡或琢削之物，见乾为钟鼓刀剑，见坎为舟楫弓矢，见艮为笔墨之类，见震为有声之物。

初爻动变乾为金刀削过之木或刀柄，二爻动变艮为木槌或上上之木器，三爻动变坎为蔬菜香蕈木耳之类。

坎 卦

生合得令，为矫揉隐伏之事，鱼盐酒货之物；刑克耗气，为忧生、曲折，水中之物。

故坎，见坎为江湖河汉流而不息，见艮为滋润之土石，见震巽为水桶盆甑，或竹木所生香蕈木耳之类，见离为水火交结之物，见坤为水土造成之器，见兑为有口之物；见乾上为公庭诉讼，下为酒筵器具。

初爻动变兑乃盛酒盛水之物，缺而坏也；二爻动变坤乃土中之物，谷粟之类；三爻动变巽，大则舟楫，小则瓢杓盆桶之类。

艮　卦

生合得令，为田园、坟墓、瓦器、磁缸；刑克耗气，为行事多疑，动止不一，又为瓦石器皿。

故艮，见艮为刚硬之土石，见震为木带土之类，见巽为草木，见离为瓦瓶瓦盒，见坤为土块石头，见兑为缺物，见乾为刚硬成器之物，见坎为河岸田埂。

初爻动变离为火烧成之器，二爻动变巽为锄头耒耜，三爻动变坤为田地山坡。

坤　卦

生合得令，为阴私鄙吝之事，谷粟布帛之物；刑克耗气，为舆釜瓦器陶冶之具。

故坤，见坤为衣为布，见兑为出土之金，见乾为方圆之器、可贵可重之物，见坎为水土所成之器，见艮为坚刚之土石，见震巽为文书田契，见离为炉冶窑灶。

初爻动变震为锄头犁头陶冶之器，二爻动变坎为水火相并之物，三爻动变艮为砖瓦土石之类。

右八卦，以静为主，以动为物。

凡卦象生旺逢合，为可食可用及贵重成器之物；卦象刑克逢衰，为不可食，及破碎损坏之物。

生体者众，为贵物；克体者众，为贱物；泄体者众，为废坏之物。

用卦看其形色。互卦看其数目，卦旺如数断之，卦衰减半断之；如互得艮卦，先天七数，后天八数，亦不出八数之外也。

互变卦中无生旺之气者，为不入五行之物也；若五六爻动者，是能飞能走之物也。又如全卦中阳卦阳爻多为刚硬之物，阴卦阴爻多为柔软之物。

论九畴

一数为艮

喜生丑寅，怕见未申；甲乙见之为财元，丙丁逢之为耗气。甲尤兼乎贵禄，丙独占乎归元。能助戊己之坚实，喜养庚辛之本元。金既坐于库堂，庚又乘其贵气。戊己得艮土而愈旺，庚辛见艮土而愈刚。壬癸之水，窒塞不通，伤元而受制。以四离为本，根多则火燥而土焦；以三坎为财，用重则险陷而崩颓。宜多助于八坤，忌迭刑于震巽。受制于木者，不可多见；被泄于金者，又宜见火。盈虚消息，通变在人。

二数为兑

喜生酉地，怕见卯宫。甲乙为木，所畏受刑受制；丙丁为火，所爱为贵为财。丁入兑家，位居天禄，朋友讲习，名利高强；戊己土到兑乡，既破且散；庚辛金逢二数，得誉得名。六壬独处兑宫，福尤不薄；壬癸虽有生意，好处多悭；盖缘沐浴之乡，是为成败之兆。惧销镕于离四，怕泄耗于坎三。乾九相助，而柔位乎刚；兑二重逢，而毁重于誉。坤善生育之德，艮有归藏之功。震巽为才，得五，君臣庆会者，动罔不吉。二六带合，一六相刑，是非忧喜，逆顺推详。

三数为坎

喜生子位，怕见午宫。甲乙木得滋润之功，水多则木泛；丙丁火受天灭之祸，火炎则无伤。天禄，戊所独也；才贵，己能兼之。庚辛所嫌，金陷死地；壬癸所喜，水聚旺方。乙之贵在三，癸之禄在坎。吉上加吉者大吉，凶中不凶者无凶。虽忌见于艮坤，水盛则不忌，亦要土以堤防；虽喜逢于离火，火旺则难治，须假金以资身。乾为天河，且富且贵；兑为沐浴，或败或成。震乃顺流而东，巽乃归藏之库。非乾兑以制其泄耗之患，则木水难免浮泛之愆。我能制人，水火不相射也。

四数为离

喜生午地，怕见子宫。甲乙逢之则有焚燎之忧，丙丁相遇则有炎上之势。为戊己土之印绶，己居天禄，愈见荣昌；为庚辛金之鬼局，辛临正贵，亦为救助。壬癸获其财利，遇六七则有本，见三四则损身。坤艮泄气，而艮在生方；乾兑为财，而兑居死地；艮在生方，晦而复明；兑居死地，聚而复散。震木旺于东方，离火败于震地，吉凶旺相，要在胸中。

五数为震

喜生卯地，怕见酉宫。善能鼓舞甲乙之根荄，能助丙丁之火势，火逢败而不美，乙受禄而吉全。戊为阳土，逢震而受制；己为阴土，见震而发生。庚辛见为财元，庚尤兼乎天禄之美；壬癸虽逢泄气，却来正贵之佳，或好中之多悭，或危中之有救。喜坤艮以培其根基，得六七而助其枝叶。震巽雷风相薄，动辄不宁；九五皇极建中，克中有救；五二君臣得位，金木不致于伤残；(阙二字）君臣失位，作事有头而无尾。离四火炎木燃，坎三水泛木浮，要须得土以栽培，乃见细水而滋润。

六数为巽

喜生辰巳，怕见戌亥。甲乙虽得巽风而鼓舞，甲为阳木，始得疏通，乙为阴木，风大损伤。戊己有受克之忧，戊却为禄，己乃为鬼。丙丁见为印绶，庚辛见作财源，丙禄纯粹而无伤，戊禄驳杂而有救。壬癸水虽泄于巽木，天贵魁元却聚于巽宫，名利可求。实应不称，一六生成水局，逢四泄气无忧。二兑合中受制，三坎败处逢生，重坎有飘蓬之忧，重离有燎原之祸。五震旁助，方能奋达于有为；六七相参，终是优游而不断。畏乾兑之来克，喜坤艮之栽培枝叶，赖坎水浇灌根荄，根浅难禁雷震，水涣又怕木浮，如斯取断，安有差殊？

八数为坤

喜生西南，怕见东北。能培甲乙之根源，善养庚辛之本体，又为甲乙之天贵朝元，亦是庚金之正禄得地。丙丁之火，被其泄气；壬癸之水，畏其伤残。癸为天禄归元，亦为木质合体。戊己见八而滋培，戊为天贵，名誉显著，己乃得局，镃基富强。求助于艮而败于兑，得财于坎而耗气于乾。九□乃天地定位之喜，震巽为雷出地上之忧，明其休旺，祸福自知。

九数为乾

喜生戌亥，怕见巳辰。甲乙虽受制于金，而甲居天禄，反主荣昌；壬癸水到天河，而壬兼归禄，尤喜成名。戊己见之而泄气，丙丁相遇以为财。丁火又为才贵交并。庚辛之金，喜得九乾相助；一八之土，能善养乾金。天数合地数以咸宁，乾元配坤元而有用。九五皇极建中，上下不悖，可以建远大之事业，可以享福寿之镃基。君子则然，小人反是。五六风雷天上，生旺得时，可为福寿之原，安乐之本。畏于离，而悦于兑；锻于四，而泄于三。金坚要火陶镕，方能成器；水多得土救护，乃免其灾。妙在变通，详加推测。

八卦取象拾遗

结绳网罟取诸离，斲木为耜取诸益。

聚货交易取诸噬嗑，上衣下裳取诸乾坤。

刳木为舟取诸涣，服牛乘马取诸随。

重门击柝取诸豫，断木为杵取诸小过。

弧矢之利取诸睽，上栋下宇取诸大壮，葬以棺椁取诸大过。

姤乃可食之物，遯乃逃遯仆役之事，遯坤复必是藏匿人家之物。

晋是文书，坎兑为刀斧，屯是药物下有足。

既济鼎巽师，其物相连，必非一件。

夬是缺物，蒙是上尖下大之物，如虾之象。

讼多是零碎合成之物，咸比托人扇合之物，家人归妹必是妇人阴私之物。

大壮大有为大涂、门，否鼎有足之物，观为乘载之物。

丰有经纬之文，下尖而小。

艮多瓦甓中物，或两扇相合。

贲，坟墓，逢旺有物在其中。

大小畜五谷之物，颐与噬嗑物中有别物在内不空，多是可食之物。

旅多是飞鸟之类。损涣多是破缺不全之物。需多是饮食。

萃阴私，遯又为淫荡中之失。

同人中孚是书信或文书，咸多是阴私聚会之物。

巽多是鸡鸭之物或卵，艮为生熟，剥为草类。损离夬多皮壳剥落之物。

蛊为诡怪，多是暗昧之事。升井乃果蓤之物，震巽又为鬼神中物。震为五鬼，多是庙堂中物。离为游魂，主淫邪师巫之类，必多经纬之文。

归妹飞物，动而缺也，中有水，故为飞。颐贲，火形，圆空。明夷睽家人，必可食之物。

先天体用起例[①]

先天者，伏羲所画之卦也。乾一、兑二、离三、震四、巽五、坎六、艮七、坤八。故起数只依此行。如数过八者，以八除之，用零作卦也。动爻者，合总数而算之。如数不满六，即以零数作动爻，如数过六者，以六除之，用零作动爻。

动者为用，静者为体。专论体用十应，而不用周易爻辞，乃先天之易也。

后天体用起例

后天者，文王所定之方位也。以物来为上卦，以方向为下卦，加时合总之除六而取动爻。合体用，兼用周易爻辞，并十应而断之也。今以吾之所居为中；见于前者为离，前左者为巽，前右者为坤；见于正左者为震，正右者为兑；在于吾后之正后者为坎，后左为艮，后右为乾。其数坎一、坤二、震三、巽四、坤寄五、乾六、兑七、艮八，离奇九。此后天之义也。

先后天辨

自河洛出，而易之体已立；八卦演，而易之用始行。易一也，而有先天、后天之说者，何哉？盖未得卦，先得数，以数起卦，故曰先天；未得数，先得卦，以卦起数，故曰后天。先天乃已露之机，后天为未来之象。夫惟其已露也，则凡事有所执著，因事谋为，出于占问之下，而始知其吉凶矣。夫惟其未来也，则

① 以下及先后天策轨诸论周易数起例。

触景触物而皆成卦，是未有所知，出于仓卒之际而休咎见焉。此先天所以为易测，而后天则为难知也。

然先天专以宾主而不用爻辞、后天以爻辞而又兼宾主断者，何也？盖先天为伏羲之所画，虽有易理而无卦画，无卦画则无易书，无易书故不用周易爻辞，而专以宾主断也。后天为文王周公孔子之所系，是有卦画也，有卦画则有易书，有易书故用周易爻辞而兼宾主断也。

后之起数者，昧先后之分，窒变通之妙，或起后天而不加时为断，或起先天而以坎一、坤二、震三、巽四为例，此乃牵合附会，而皆不应也。殊不知，先天后天自有分别。盖圣人作易画卦，始于太极，两仪四象，皆是加一倍数自成。乾一、兑二、离三、震四、巽五、坎六、艮七、坤八之数，此先天也；坎一、坤二、震三、巽四、乾六、兑七、艮八、离九、五寄坤、十寄艮，此后天也。

故凡起卦，只合以此为用，而取诸卦气以定事应之期。如乾兑则应于庚辛及五金之日，乾或应于戌亥月日时，兑或应于申酉月日时。震巽应于甲乙及五木之日，震取寅卯，巽取辰巳之类。此为先天之应期也。

后天则以卦数加时数而总之，而分行、立、坐、卧以定事应之期也。故坐则静，行则动，立则半动半静也；静则迟，动则速，半动半静则半迟半速也；坐则祸福应在二卦成数之期，立则应在二卦中分之期，行则应在二卦三分之期。此后天之应也。

然卦数时数者，应近而不能决诸远，必合先天后天之卦数，通同取决，庶几其可也。

卦爻当位

卦以耦为用，有应则吉。上卦是阳，下卦要阴，上卦是阴，下卦要阳，此为卦当，否则不当也。

爻当者，阳在阳位，阴在阴位，为爻当，否则不当也。

故乾兑离震为阳，巽坎艮坤为阴；一三五为阳，二四六为阴。

后天物来方向图

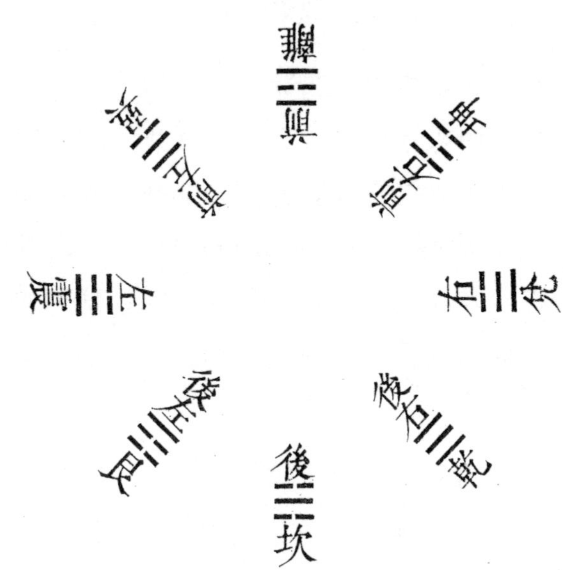

☲前离。为中女、文书、干戈、雉龟、鳖蟒、甲胄、槁木、蠃蚌、水火，赤色。

☵后坎。为中男、豕鱼、弓轮、酒盐、水具、带核之物、水中之物，黑色。

☱右兑。为少女、金器、乐章、羊泽、中物、口缺之物。

☳左震。为长男、龙蛇、乐器、萑苇、竹木、草蕃鲜。

☴前左巽。为长女、鸡、工巧之物、绳长物、直木、蛇、山林之禽虫、竹木之具，青碧绿。

☷前右坤。为老妇、布帛、绵五谷、鱼、釜、瓦器、方物、百禽、柔物、牛、土。

☶后左艮。为少男、狗、鼠、黔、喙之物、虎爪、果、百禽、土石、土中之物，黄色。

☰后右乾。为君父、刚物、金玉、宝珠、马、天鹅、狮象、贵物、圆物、雨。

已上是所来之物。

策数起例

阳爻三十六策，阴爻二十四策。

看数得何卦，阴阳策合得若干，为身数。以身数上因之。上卦动，则以动爻因十，以卦数因零，加本卦正数及动爻数，合成千百十零，分为元会运世。若下卦动，则以卦数因十，动爻因零，亦加本卦正数及动爻数，合成千百十零，分为元会运世。以生成之数断之。此为先天之策例也。

先天八卦正数

乾一　兑二　离三　震四　巽五　坎六　艮七　坤八

先天五行生成数[①]

一六属水为坎，二七属火为离，三八属木为震巽，四九属金为乾兑，五十属土为艮坤。

---

① 如一六，一为生数，六为成数，余例此。

轨数起例

阳爻一百二十八轨，阴爻一百一十二轨。

看后天数得何卦，阴阳轨数合成若干，为身数，以身数上因之，其例亦同先天，但阴阳爻数与八卦正数不同耳。此为后天之轨也，可定吉凶。一三七九阳数布于四阴分至之爻；二四六八阴数布于四阳启闭之爻。启闭者，节也；分至者，中也。

后天八卦正数

坎一，坤二，震三，巽四，中五[①]，乾六，兑七，艮八，离九。

后天五行生成数与先天生成数同。

观物策轨

夫卦之所由立者，数也；数之所由生者，卦也。卦立而爻成，爻成而策著矣。是故言卦者，以其时也；言爻者，适时之变也；言策者，阴阳奇耦之数也。

数有千百十零，分为元会运世。故在天为日月星辰，在地为水火土石，在四时为春夏秋冬，于世曰年月日时，于人曰性情形体、色声臭味，于物曰飞走动植、鸟兽草木，为之四象，以见策轨之妙也。

是以一三五七九为阳，二四六八十为阴；自一至九生数也，得天之轻清者而为之；自二至十成数也，得地之重浊者而例之。清浊既分，由是八卦之位始陈，万物之数始定。

① 五寄艮，十寄坤。

阳孤者，忌众阴之多；阴孤者，忌众阳之剥。

一六为坎，二七为离，三震，四兑，五坤，八巽，九乾，十艮，此为先天策数之原也。一坎，二坤，三震，四巽，五寄艮，六乾，七兑，八艮，九离，十寄坤，此为后天轨数之本也。于策轨之间，得顺数者，万汇皆泰，得逆数者，万物皆否。更于策轨中藏其干支，以寓先天后天之期。故“甲己子午九，乙庚丑未八，丙辛寅申七，丁壬卯酉六，戊癸辰戌五，巳亥属之四”，乃先天策数之所藏也。亦有后天轨数之所以藏者，故“壬申戌亥从乾六数是也。乙癸未申从坤二数寓焉。丙向艮而藏丑寅八数居之，辛出巽而包辰巳四数”是也。“庚卯在震而含三，丁酉为兑而藏七，戊子一分卦在坎，巳午九分本于离”。于千百十零之间，布年月日时之位，决其阴阳之象，定其顺逆之数，取其克应而断之也。

策轨顺逆

数得一二三四五六者，为顺，为进数也。得六五四三二一者，为逆，为退数也。顺数为吉，逆数为凶。间断者为隔，亦不利也。

为人占例

凡为人占，其例不一，或听其语声起卦，或观其人品起卦，或观其形起卦，或观其色起卦，或书字起卦，或远取诸物起卦，或近取诸身起卦，或以年月日时起卦，皆有应验。

但要主一无适，不可二三其德也。

听其语声者，若说一句则以起头字为上卦，落尾字为下卦；若说两句，则以先一句为上卦，后一句为下卦，合上下二句总算除六，取零作动爻也。余仿此。

观其人品者，如老人为乾，老妇为坤，长男为震，长女为巽之类也。

观其形者，物之圆而刚者为乾，柔而方者为坤，形仰者为震，长者属巽，内刚外柔及润湿者为坎，内柔外刚者属离，物之覆者属艮，物之缺者为兑也。

观其色者，青者属震，红紫属乾，赤属离，黄为坤，白为兑，黑为坎也。

书字者。如一字，笔画相连者则分阴阳，以阳画为上卦，阴画为下卦：左为阳，右为阴；立画为阳，卧画为阴；点为阳，捺为阴也。如字有间断者，则以上截为上卦，下截为下卦。如字有偏旁者，则以左旁为上卦，右旁为下卦。如二字俱平声，或俱仄声，为两仪未判，以上字笔画为上卦，下字笔画为下卦。如两字一平一仄，为两仪定位，以上字声为上卦，下字声为下卦。如三字，以上一字声为上卦，下二字声为下卦，取轻清重浊之意也。四字平分，以上二字声为上卦，下二字声为下卦。五字者，亦分轻清重浊也。六七字俱仿此。

远取诸物者，看人手执何物，如圆满为乾，缺物为兑，工巧为巽之类也。近取诸身者，头动为乾，足动为震之类也。

年月日者，以年月日共算为上卦，又加时总算作下卦，合年月日时总算除六，而取动爻也。

自己占例

如静室无所见，但以所闻者起卦，或取其数目，听其声音，辨其方所，详其所属，皆可起卦，亦要察其悲喜，而取其吉凶也。

取其数目者，一声属乾，二声属兑之类也。

听其声音者，或人语，或鸟音，或物声也。如钟鼓铃铎之声属乾，筑基拆垣之声属坤。

辨其方所者，声在南方为离，北方为坎之类。

察其悲喜者，笑谈美丽之声为吉，悲哭嗟叹怨骂之声为凶也。

如心中有事而不静，以年月日时起之。

动物占例

凡群动之物不可起卦。

如见一物，则就此物为上卦，方为下卦，合物与方加时算之除六，取零作爻也。

如牛羊骡马之类，则以初生年月日时占之。

如买物，则以物并初买之时占之。

静物占例

凡见静物，如江河山石溪井，一定不移之物，不可起卦。所谓不动不占也。

若宅舍树木器物，则以初创、初种、初置之日时起之。

稽疑十应

夫稽疑者，彰往察来，所以绍天明而定吉凶也。十应者，取其克应而为之应验也。

故观占之际，若以卦象论吉凶，而不参之以十应，则今日得此一卦，固以主宾互变而决其休咎矣。明日复得此卦，主宾互变皆同，岂可复以此吉凶而断之哉？是故卦虽同而十应不同，必玩十应而后决其吉凶，则无不验矣。

故十应之目，一曰正应，二曰互应，三曰变应，四曰方应，五曰日应，六曰外应，七曰物应，八曰天文之应，九曰地理之应，十曰人事之应。

正应互应变应

夫正应者，正卦之应也。互应者，互卦之应也。变应者，变卦之应也。此三应者，人皆以之决吉凶矣。至于七应之理，知者罕焉，得之无不验矣。此所当秘者也。

方　应

所谓方应者，以卦体为主，看来占之人在于何方坐立，与卦体有无生克也。凡方生体吉，体生方耗气；体克方则吉，方克体则不宜也。如得乾卦为体，人在南为方克体，人在西南为方生体也。余例此。

日　应

日应者，看所占之日与卦有无生克、比和衰旺、墓绝也。故寅卯日属木，巳午日属火，申酉日属金，亥子日属水，辰戌丑未日属土。体卦宜与日辰相生相合，忌与日辰相克相刑也。

外　应

外应者，外卦之应也。占卦之顷，偶见外之来者，老人属乾，老妇属坤，长男为震，长女为巽，中男为坎，中女为离，少男为艮，少女为兑，又近取诸身，观其动静，与卦体有无相生相合也。

物　应

物应者，观占之际，偶见之物也。物有动有静，动者，牛马六畜之类也，静者，器用对象之类也。见乾为马，坤为牛，震为龙，巽为鸡，坎为豕，离为雉，艮为狗，兑为羊之类；坎为水，离为火，乾为金玉，兑为破器刀斧，震为木植，巽为工巧，坤艮为土泥。亦与卦体有无生克也。如生体为吉，克体为凶，切宜审之也。

天文

天文者，天时之应也。故晴明为离，雨为坎，雷为震，风为巽，阴云为坤，雾气为艮，天朗为乾，星月为兑，雨泽亦为兑。凡克体者，天时不顺，生体者，天意必存。

地理

地理者，占卦所寓之地也。故公廨之所为乾，田野之地为坤，江湖池沼之处为坎，炉冶窑灶之间为离，园林竹木之处为震巽，土石砖瓦之地为艮，败墙破壁之所为兑。亦看其卦与体有无生克也。

人事

人事者，占卜之顷，偶闻偶见之事也。逢吉则吉，遇凶则凶。物之圆者事成，物之缺者事败；见欢笑主喜庆，逢哭泣主忧悲。所闻所见与所占之事，有无相关相应也。相应则吉，相反则凶。须当以心会之。

右十应之说，观物之要道，元之又元也。

故三要云："事事相关，物物相应"，正谓是尔。苟专以体用而不参之以十应之物，则有验与不验者。学者所当潜心，不可轻忽也。

卦辞协卜

圣人作《易》，以备卜筮，欲人趋吉避凶也。故卜筮，当以卦辞为准。

以卦而言，卜得之卦名与所占之情事，相关相应，亦为得其大意，而吉凶可知也。如问行得蹇，问病得困，则行有阻，病难愈。如占财得大有大畜，占讼得解得涣，则财可求，而讼可散也。

以辞而言，如谒贵得利见大人之爻，如归隐得不事王侯之爻，如占婚得句蒙吉纳妇吉之爻，亦得以观其大意而断之。

凡所占之事，切于易之卦辞者，不必深究体用互变克应之说也。

观物元机

元机者，寂然不动、感而遂通之几也。故人来求我之际，必先聪其听，明其视，虚心以待之。

当夫未成卦之时，所闻者何事，所见者何物，观其动静，而断之曰“为何事”也。及卦已成之后，所见者何物，所闻者何事，亦观其动静，而断之曰“事成之后，有何物，有何事”也。故必分其向背。盖人物方来为向，人物已去为背。向则吉凶之方至，背则吉凶之已过。吉事欲其向也，凶事欲其背也。

如鸦报凶，叫而来则祸将至；叫而去则灾已往。不惟是也，凡物皆然。如闻见宰杀屠烹之类，是为骨肉分离，占病占产者忌之。如逢栽培种植之类，是为生气得活，占产占病喜之。见人作事方毕，则事之将来者已过也；见人作事将兴，则事之方兴而未艾也。如樵者荷担而去，牧者逐牛而出，渔者撒网，钓者垂竿，为事之方兴也。如樵者负薪而归，牧者驱犊而返，收纶罢钓，可为吉凶将来已往之验也。略举一隅，在乎触类。

观物动静

天下之物，有动有静，有形有色，有声有音，而能得其动静之所以然者，皆不外乎数也。

是故蔡邕过会稽柯亭，见亭椽竹东间第十六根，取之为笛，必有异声，后果验，世号为柯亭笛。此以形而知其有声也。

又见客邸中烧焦桐木尾，此木为琴，必有异音，后亦验，世号为焦尾琴。此以动而知其有音也。

邻人鼓瑟，见螳螂捕蝉，听其声如有杀声，而知人之心也。

隋万宝尝听太常所奏之乐，泫然流涕，人问之，曰“乐淫厉而哀，天下不久相杀”。时四海全盛，闻者皆谓不然，至大业末，其言始验。

又有王令言，卧听其子户外弹琵琶，作翻调安公子曲，大惊曰：此曲兴自早晚？曰：顷有之。令言流涕，谓其子曰：汝慎勿从行！帝幸江都，必不返也。此曲，宫声往而不返，后卒如其言。

唐李嗣真听乐声，曰：宫不召商，君臣乖也；角与征戾，父子疑也；征声多且哀。若国家无事，太子必任其咎。俄而太子废矣。

唐神龙元年正月，享太庙，乐作。裴知古谓元行冲曰：金石谐婉，将有大庆，在唐室子孙乎？是月中宗复位。

人有乘马者，回马鸣，主必坠死。见新婚闻珮声，曰终必离。访之果然。

此皆以声音之数而推算之也。

四植说

四植者，年月日时也。凡观卦象，专论四植。卦有四植，其应速，卦无四植，其应迟。

年临天贵、归还、禄马、喜神，而乘旺相坐于用上，生体比和者，三公之贵也。月临天贵、归还、禄马、喜神，而乘旺相坐于用上，生扶者，九卿之贵也。日临者，上大夫之职也。时临者，郎官庶职也。上官占得，必升官进禄之兆。士君子占得，必面君仕进或科甲之喜也。常人占得，亦主进喜生财。

如年月生合，日时冲刑，一凶一吉。如贵喜临多而禄临少者，升迁出使。贵禄多而马临少者，迁官于朝。日带贵禄，合而不动者，升迁本省。月扶官贵，带禄马而乘旺者，荣选别署。逢六虚不用，有名无实。

观占之际，须详三要，则动静吉凶，万无一失。

太岁者，万煞之主，君象也。故年为天子，以年干取贵魁禄，以年支取天喜马。如有天贵临用，而无冲刑克陷、空亡不用者，大则升官进禄，小则面君见贵。如岁神扶体，合用、生用而得位者，上上之吉也。如临年月二禄，或加年月二贵，或加年禄月贵者，有权之兆，不次迁除矣。仕宦得之，当任科道之大权。

月建者，月令之神，百煞之主也。故月为三公九卿，禄贵岁生而临阳位者，为大吉之兆也。以月干取贵禄，以月支取马喜、亡劫、刃煞。如得贵禄马喜而不空亡，又无冲刑克害者，必升本署之职。如年上禄马，或又同月上吉神加动并于月者，必迁别署重任，或出镇外方。如有亡刃者，必加重权。如带退神降职署用，得大贵提荐，或进财加喜。如带凶神，冲刑克制体爻者，非官灾口舌，即病卧呻吟。如逢生合而值空亡者，有名无实，一喜一忧也。

日辰者，司一日之事，摄十二辰之宰也。故为大夫郎官，以日干支取之。如日家贵禄吉星，辰乘旺而与数合者，上大夫也。日家用爻旺相，临月贵禄马而月令生者，中大夫也。日家用爻休囚，而临日贵禄马天喜者，郎官也。如虽休囚而年月天贵禄马并临者，晚年进禄也。如临空亡刑冲，虽有贵喜，亦无用也。

时辰者，总八刻之辰也。故时临天贵禄马，为杂职，即士君子，亦以杂法论之。喜相生相合，怕刑冲克害也。

吉　星

天干	甲	乙	丙	丁	戊	己	庚	辛	壬	癸
天禄	乾	坤	艮	兑	坎	离	震	巽	乾	坤
还元	艮	兑	坎	离	震	巽	乾	坤	乾	坤
天贵	艮坤	坎坤	乾兑	乾兑	艮坤	坎坤	艮坤	艮离	震巽	震巽
会贵	坤巽	震坎	离兑	离兑	巽坤	乾坎	巽坤	乾坎	离离	兑兑
正禄	艮	震	巽	离	巽	离	坤	兑	乾	坎
暗禄	乾	乾	坤	坤	坤	坤	巽	巽	艮	艮
飞禄	坤	兑	乾	坎	乾	坎	艮	震	巽	离
演禄	坎巽	离离	兑震	乾巽	兑离	乾坤	坎离	离离	兑兑	乾坤
魁元	震巽	乾巽	乾巽	坤巽	坤兑	兑兑	兑乾	坎乾	坎离	震离
文星	震巽	震巽	离	离	坤艮	坤艮	兑乾	兑乾	坎	坎
天赦	艮	乾	坤	离	巽	艮	乾	坤	离	巽
天合	甲与离	乙与震	丙与巽	丁与乾	戊与癸					

地支	子	丑	寅	卯	辰	巳	午	未	申	酉	戌	亥
地禄	坎	艮	艮	震	巽	巽	离	坤	坤	兑	乾	乾
天马	艮	乾	坤	巽	艮	乾	坤	巽	艮	乾	坤	巽
天鞍	艮	乾	坤	巽	艮	乾	坤	巽	艮	乾	坤	巽
飞马	坤	巽	艮	乾	坤	巽	艮	乾	坤	巽	艮	乾
暗马	乾	艮	巽	坤	乾	艮	巽	坤	乾	艮	巽	坤
将星	坎	兑	离	震	坎	兑	离	震	坎	兑	离	震
华盖	巽	艮	乾	坤	巽	艮	乾	坤	巽	艮	乾	坤
天喜	兑	坤	坤	离	巽	巽	震	艮	艮	坎	乾	乾
日喜	兑	坤	离	巽	巽	震	艮	艮	坎	乾	乾	兑
地合	艮	坎	乾	乾	兑	坤	坤	离	巽	巽	震	艮

月令	正	二	三	四	五	六	七	八	九	十	十一	十二
月喜	乾	乾	坎	艮	艮	震	巽	巽	离	坤	坤	兑
天德	坤	坤	坎	乾	乾	震	艮	艮	离	巽	巽	兑
月德	离	震	坎	兑	离	震	坎	兑	离	震	坎	兑
天解	乾	乾	坎	艮	艮	震	巽	巽	离	坤	坤	兑
地解	震	巽	巽	巽	巽	坎	坎	艮	艮	艮	艮	震
天医	阙											

喝散　　春巽　　夏坤　　秋乾　　冬艮

五行	水	火	木	金	土
五鬼	乾兑	震巽	坎艮	离坤	兑乾
词馆	坤	艮	乾	巽	坤

凶星

天干	甲	乙	丙	丁	戊	己	庚	辛	壬	癸
天刃	震	巽	离	坤	离	坤	兑	乾	坎	艮
飞刃	兑	乾	坎	艮	坎	艮	震	巽	离	坤
沐浴	坎	坎	震	震	兑	兑	离	离	兑	兑
血光	巽	坎	坤	乾	艮	巽	坎	坤	乾	艮
天刑	震	乾	坎	艮	坎	艮	震	乾	坎	艮
鼓盆	巽	巽	艮	艮	巽	巽	坤	坤	乾	乾
破泄	离	离	坤艮	坤艮	乾兑	乾兑	坎	坎	震巽	震巽
困陷	乾兑	乾兑	坎	坎	震巽	震巽	离	离	坤艮	坤艮
天哭	艮	艮	巽	巽	坤	坤	乾	乾	巽	巽

六　虚

甲子旬中乾象忧，甲寅坎艮亦同流。
甲辰艮震何须问，甲午巽象不相投。
甲申离坤君须记，甲戌坤兑怕当头。
卦中如若来相遇，进用求谋百事休。

耗　星

甲子旬中艮兑宫，甲戌还在三四终。
甲申五六为无用，甲午怕见七八逢。
甲辰又当九与十，甲寅七八九十同。
上为男忌下为女，遇此名为不用星。

地支	子	丑	寅	卯	辰	巳	午	未	申	酉	戌	亥
天讼	乾	坤	巽	艮	乾	坤	巽	艮	乾	坤	巽	艮
天劫	巽	艮	乾	坤	巽	艮	乾	坤	巽	艮	乾	坤
天蓬	兑	兑	坎	坎	兑	震	震	兑	离	离	兑	兑
天囚	离	震	坎	兑	离	震	坎	兑	离	震	坎	兑
天姚	兑	离	震	坎	兑	离	震	坎	兑	离	震	坎
白衣	巽	艮	兑	巽	艮	兑	巽	艮	兑	巽	艮	兑
耽阁	乾艮	乾艮	艮巽	艮巽	艮巽	巽坤	巽坤	巽坤	乾坤	乾坤	乾坤	乾坤
病符	乾	坎	艮	艮	震	巽	巽	离	坤	坤	兑	乾
官符	坎	坤	坤	坤	兑	乾	乾	坎	艮	艮	震	巽
地中	离	坤	坤	兑	乾	乾	坎	艮	艮	震	巽	巽
三刑	震	乾	巽	坎	离	坤	兑	巽	艮	离	坤	坤
六害	坤	离	巽	巽	震	艮	艮	坎	乾	乾	兑	坤

三　煞

申子辰天劫在巽，三煞在坤；寅午戌天劫在乾，三煞在艮；亥卯未天劫在坤，三煞在乾；巳酉丑天劫在艮，三煞在巽。

月令	正	二	三	四	五	六	七	八	九	十	十一	十二
不成	艮	离	乾	巽	兑	艮	坤	坎	巽	乾	震	坤
天雷	坎	艮	巽	离	坤	乾	坎	艮	巽	离	坤	乾
飞廉	乾	巽	离	坤	艮	震	巽	乾	坎	艮	坤	兑
天贼	艮	坎	乾	乾	兑	坤	坤	离	巽	巽	震	艮
天河	巽	震	艮	艮	坎	乾	乾	兑	坤	坤	离	巽
天火	坎	震	离	兑	坎	震	离	兑	坎	震	离	兑
天狱	乾	坤	巽	艮	乾	坤	巽	艮	乾	坤	巽	艮
天瘟	坤	离	坎	巽乾	坤	坎	艮坤	兑离	坎	巽乾	坤	坎

三要元机

三要者，耳目心也。元机者，灵妙而应验也。

夫耳之于听，目之于视，心之于思，三者为人一身之要。而万物之理，不出于视听思之外。

占决之际，寂然澄虑，静观万物，而听其音之吉凶也，见其形之善恶，察其理之祸福，皆可为占卜之验。如谷之应声，影之随形，灼然可见也。其理出于周易“仰观天文，俯察地理，远取诸物，近取诸身”之法。

是篇则出于先贤也，先师采世俗之语为之例。用之者，鬼谷子、严君平、东方朔、诸葛孔明、郭璞、管公明、李淳风、袁天罡、皇甫真人、麻衣仙陈希夷。继而得之者，邵康节、邵伯温、牛思悔、牛思继、高处士、刘湛然、富寿子、泰然子。

其年代间传者不一，而不及知其姓名者，不与焉。

此言三要之原也。

原夫天高地下，万物散殊，阴浊阳清，五气顺布。祸福莫逃乎数，吉凶皆有其机。人为万物之灵，心乃一身之主，目遇之而为形为色，耳听之而为声为音。三要总之，而万物备矣。

此言盈天地之间，惟人为万物之灵，而耳目心三者，又为人身应万事万物之要也，故曰三要。

是以逢吉兆而终须有吉，见凶谶而不免乎凶。物之圆者事成，物之缺者事败，此理显然，夫复何疑？

此言占卜之顷，逢吉则吉，逢凶见凶，谓之刻应也。

是以云开见日，事必光辉；烟雾障空，终当暗昧。忽颠风而飘荡，偶震雷以虚惊。日忽当而宜近清光，雨乍湿衣可蒙恩泽。忽然云雾遮天，诸事失色；偶顷烟障迷空，百事有阻。

此言仰观天文，以验人事也。

占卜之顷，见重山为阻隔之险，重水为浸润之深；水流而事通，土积而事滞；石乃坚心始得，沙为放手即分；浪激主波涛之惊，坡崩防田土之忧；旱野之旁，心力俱竭；枯木之下，形貌皆衰。

此言俯察地理，以验人事也。

适逢人品之来，实为事体之应。故荣宦显官，宜见乎贵；富商巨贾，可问乎财。儿童哭泣，忧及子孙；吏卒喧呼，忌防官讼。二男二女，重婚之义；一僧一道，孤独之端。男人笑语，阳喜相扶；女子牵连，阴私见累。匠人主门庭改换，屠宰乃骨肉分离。猎者，主得野外之财；渔者，主得水边之利。见孕妇，则事萌于内；逢瞽者，则虑根于心。

此言人品之应于事理也。

至于摇手而莫为，摇头而不肯。拭目而喷嚏者，防哭；搔首而弹垢者，有忧。足动者有行，臂交者有失。屈指者多阻节，嘘气者主悲愁。舌出掉者，是非；背相靠者，闪赚。遇攘臂者，争夺乃得；遇下膝者，屈抑以求。

此言近取诸身之应也。

若逢童子受业，有官职之端；主翁笞奴，防责罚之事。讲经论史，事体徒闻于虚说；讴歌词曲，谋为转见于悠扬。见赌博，主斗争之财；遇题写，主文书之事。遇携物者，得人提携；遇牵手者，必有牵连。

此言人事之应也。

若舟船在水，凭其接引以行；车驾当涂，则知负载而往。张弓持矢者，必有荐引；有弓无矢者，未可施为；有箭无弓者，亦难为用。执持刀剑，须分快利之因；披甲操戈，可断刚强之柄。抱丝者，事体繁冗；扬旗者，眼目众多。妆花刻果，终非结实之因；画影图形，皆为妆点之类。经纬将成，可以问职；笔砚俱在，可以求文。偶倾盖，事必顺；忽收伞，主退权；忽临镜，可赴召。持贵器，有非常之用；负大木，有不小之才。遇升斗，事宜度量向前；逢尺剪，必须裁度以用。见蹴踘，则逢人踢拨；开锁钥，则遇事疏通。逢补器，终是不坚；值磨镜，再来光彩。刓斧磨刚者，逢锐得利；快刀砍木者，利事伤财。裁衣者，破后还成；造炮者，成后仍碎。奕碁者，取己之计；张网者，摸之以空。或持刀锯，必有伤；或涤壶觞，必有饮。或挥彩扇者，有相招之义；或污己衣者，有谋害之人。

此言器物之应，即远取诸物之义也。

虽云草木之无情，亦于卜筮而有应。故芝兰为物之瑞，松柏为寿之坚。遇椿桧而岁久年深，逢菰菌则朝生暮死；卜病占产，切忌逢之。枝叶飘零当萎卸，根荄接续主牵连。值奇葩，断是空花之貌；逢佳果，终为结实之因。

此言草木之应也。

至于飞走，亦有灾祥。乌鸦兆灾，灵鹊臻喜。鸿鴈主朋友之信，虺蛇防毒害之谋。鼠囓衣，有小口之灾；鹊噪檐，有远行之事。犬战必招盗贼，鸡斗或致喧争。牵羊者，喜庆将临；骑马者，出入皆利。猿猱攀木，身心不定；鲤鱼得水，变化非凡。逢散马者，疾病难安；架飞禽者，囚人未脱。

此言禽兽之应也。

酒乃忘忧之物，药为去病之方。故酒樽忽倒，乐极生悲；医药逢师，难中有救。藤萝之类堪倚势，虎豹之象可施为。耕田锄地，事进必翻；剖竹破竿，事势必顺。春花秋月，虽无实而有景；夏绵冬葛，纵有用而背时。凉扇当主弃捐，晴盖暂逢遮蔽。泡影电光，虚幻难信；蛛丝蚕茧，巧计乃成。

此言杂见观物之应也。

若见物形，可知字体。石逢皮，即破；人傍木，为休。笠飘水畔，泣字分明；火入林中，焚形显见。三女有奸情之扰，三牛为奔走之忧。一木二火，荣耀之光；四水一鱼，鳏寡之象。两犬相争者忧囚狱。一斗入门者，斗争；两丝挂臯者，乐事。一人立门，须防闪失；两人夹木，行人必来。人继牛后，失字分明。

此言拆字之应也。

复指多物，以叶音义。如见鹿，可以言禄；见蜂，可以言封；见梨，必主分离。桃，忧逃失。见李，则公讼得理；逢棺，则问名得官。鞋则百事和谐；盒则诸事和合。难于详细，在人变通。

此言为物叶音之应也。

及乎在我之身，实为彼事之应。故我心忧兮，彼事亦惨；我心乐兮，彼事亦佳；我适闲兮，彼当从容；我值忙兮，彼当窘迫。

此即自己之应，近取诸身之谓也。

欲究观人之道，须详系易之辞。将叛者，其词惭；中心疑者，其词枝。吉人之词，寡；躁人之词，多。诬善之人，其词游；失其守者，其词屈。

此言易经观人之道也。

复观动静，以定迟速。故坐则事应迟，行则事应速，走则愈速，卧则愈迟。

此言一动一静之意，亦近取诸身也。

更观五行，再详八卦。卦吉而应吉，则终吉；卦凶而应凶，则终凶。卦应一吉一凶，事理半凶半吉。明生死之理，察动静之机，事事相关，物物相应。

此言五行八卦，及刻应动静之理也。

活法存乎方寸，元机在于师传，纵万象之纷纭，惟一理之融贯，务要当机而发，须要临事而详。

此言占卜之理，在人通变之妙也。

嗟夫！方朔射覆，知事物于隐微；诸葛马前，定吉凶于顷刻。皇甫端坐之妙，淳风鸟觉之占，虽所用之有殊，诚此理之不异。

此言三要元机之妙处也。

可以契鬼神之妙，可以会蓍龟之灵。然人非三世，莫能造其元；心非七窍，不能悟其奥。故得其说者宜秘，非其人勿传，轻泄天机，重遭阴谴。造之可以入圣，用之可以通神，必是大根道器之人，凭缘得遇，岂小鄙而闻戒乎？慎之。

此言元机之妙，不可轻传妄授，宜秘之以重斯文也。

诗曰：有目谁人视不明？独于视后别虚真。

若逢缺物终须破，遇物圆时事有成。

有耳谁人不善听？惟吾听后复详真。

倘无善语终成恶，忽听哀声未免惊。
有心谁人不会思？独我思兮决隐微。
逢彼急忙终是速，遇诸缓慢事迟疑。
吉凶只在眼前决，祸福何劳占后知？
从此敢开天上口，尧夫非是泄天机。

梅花心易阐微卷三

体用总断

夫有意必有言，有言必有象，有象必有数，数立则象生，象生则言著，言著则意显。是以圣人仰观俯察，惟其动静而已。是故动者数之用也，静者数之体也。体以用为宾，用以体为主。主宜旺而受宾之生，宾宜衰而受主之克。

故主克宾，其势强也，所为虽迟，乃终有庆；宾克主，其势弱也，凡事守正，静以俟时。主生宾，己先失也，所行必乖，动则虚耗；宾生主，其道亨也，人来就己，动罔不利。宾主比和，身得济也，足以有为，往有所尚。

日时与主相生相合，其事易为，所求必遂；日时与体冲刑克害，其事易散，所为难成。日时带贵生体或与体比和，我得上人扶助；日时带贵生用或与用比和，他得贵客维持。

日生主，日主比和，我得上人力；日生宾，日宾比和，他得贵客扶持。日生主克宾，人向我而忌他；日生宾克主，人向他而忌我。日克主生宾，我受制，他得□；日克宾生主，他受制，我欢忻。

主克日，无人主张；主生日，可求于上。宾克日，他与上不和；宾生日，他求上人扶助。主生日，日克宾，可用意求人，而制伏于他。主克日，日生宾，我与上人不和，他得上人调护；宾克日，日生主，有人见忌于他，而意向于我。宾生日，日克主，他用意求人，而见咎于我。宾生主，而互变皆克，则好中不足，事将成而复变；宾克主而互变又来生之，则凶中有救，事虽阻而复成。盖正乃作事之始，互乃作事之中，而变为末后之应也。

凡动静用作之间，审其宾主休旺之势，生克变化之理，考其日辰，察其三要，详其十应，近取诸身，远取诸物，化而裁之，变而通之，则人事之休咎，万物之得失，不在鬼神而在我矣。故曰：数立则象生，象生则言著矣。

天 时

天时乃阴阳之动静，造化之机缄，至深至奥，不可以浅近窥也。

凡占天时，不分上下，专论四时；不论体用，专论阴阳。故乾坎艮震为阳，巽离坤兑为阴。阳得阴为雨，阴得阳为风，刚得柔为云，柔得刚为雷。无阴则不能为雨，无阳则不能为雷，阳变为阴则先晴而后雨，阴变为阳则先雨而后晴。

乾为天，四时明朗；坤为地，一气浑然。纯乾为阳之极，阳极则阴生，久晴必雨；纯坤为阴之极，阴极则阳生，久雨必晴。坎为水多雨，离为火多晴。夏离无坎，必主亢旱炎炎；冬坎无离，拟是寒霜凛凛。震为雷，巽为风。春夏逢震，雷惊百里；秋冬遇巽，风动四方。兑为星辉月朗，艮为阴晦迷天；久雨逢艮则止，久晴逢兑则阴。春天无离多坎，连雨不晴；冬月兑坎无离，雨雪重见。乾兑之金，秋晴明而冬凛烈；坤艮之土，夏蒸溽而春阴沈。云从龙，风从虎，艮巽相逢，风云际会，重见必主飞砂走石，蔽日遮山；箕好风，毕好雨，艮兑相逢，风雨交作，重逢亦主阴晦不晴，连绵苦雨。坎在艮象，布雾兴云；若在兑爻，凝霜作雪。震为雷，离为电，震离会而雷电交作；坎为水，巽为风，坎巽逢而风雨骤兴。重震，春夏逢之，雷声奋地；重巽，秋冬若见，号动山林。八纯离卦，夏必旱而四时晴；八纯坎卦，冬必寒而夏秋雨。久雨逢艮则晴，久晴逢艮则雨。水火既济，火水未济，四时不测阴晴；风泽中孚，泽风大过，三冬忽然雨雪。水山蹇，山水蒙，百步必须执盖；地风升，风地观，半江不可行舟。地天泰，水天需，昏蒙之象；天地否，水地比，黑暗不明。小畜为风，大畜亦以斯论；小过主雷，大过亦以斯同。离在艮下，朝雨暮晴；离在震前，朝晴暮雨。巽离互坎，虹霓乃见；离巽变坎，道理亦然。须要审其天时，不可执迷于卦象。雷电之在春夏，霜雪之在冬天，此其时也。因时取断，通变在人。

节前三日不可推天，节后三日不可推雨，盖阴阳之气未定，故不可轻言，此乃上圣先贤之秘典，神仙造化之元机，不可不慎。

策曰：元为天，会为日月星辰，运为人物，世为地。元生世，天气下降，雨泽蒙蒙；运世生元，地气上升，阴云霭霭。数顺而奇者多晴，数逆而偶者多雨。一阴一阳，时晴时雨；一顺一逆，或晦或明。缺会不见日光，难逢月色。

元会一六相连，必见雨泽；二七无间，定主晴明；三八相继，雷风震作；四九接续，雨泽愆期；五十密云不雨。元三八而会五十者，早风午云；会二七而元一六者，朝晴暮雨。又以变卦之端，决远近之日。

久晴逢缺则雨，久雨逢缺则晴。

坎居元生会有雨，离居元生会必晴。震巽居元生会，先晴后风，或风雨交作；乾兑居会生元，先阴后雨，或阴雨连绵。

离居会克元主晴明。会艮克元雨即止，坎克元阴晴不定，乾兑克元不雨即风，坤克元微雨或阴，震巽克元不雷即风。

一六克元雨从北起，三八克元风往东兴，四九克元雨临西止，二七克元必是晴明。

三为雷电，八是风霜，五十阴晦不明。元数空缺，亦主晴明。

天时不同，人事亦异，须按四时以推之，不可一途而取执。

岁序

年岁丰凶，关乎气运，欲问休征，先观体用。故用临旺气，更见四植生扶者，雨顺风调，民安国泰；用临旺气克体，更见四植无情者，人民不安，国家有恐。体生用风雨不时，民多疾疫；体克用岁序和平，兵革不起。体用比和，田禾有收，人民乐业。

用卦水多，无土以制之则涝；火多，无水以济之则旱。土多无木，则虫蝗迭见，禾稼乃伤；兑多无火，则人事多变，干戈扰攘。坤艮并而田苗茂盛，震巽同而稼穑勃兴。兑巽相并，虫蝗为灾；坤巽相逢，五谷皆熟；坎巽生体，风雨顺序；坤艮同逢，年岁丰登。

正卦论其始，互变论其终。互吉者，早稻有收；变吉者，晚禾秀实。体受变克，秀而不实；变受体克，实而少收。互变生体，收成吉兆。

离多克体，暖气早来，旱魃为患；坎多克体，苦雨数来，水灾为患；巽多克体，暴风来格，民乃不安；坤艮克体，时多疫气，人民有疾；兑多克体，非刀兵之兴，即螟虫之害也。以用卦定其方位，以变卦决其可否。

策曰：以元会运世，分为春夏秋冬，东西南北，故春木夏火秋金冬水，土旺四季，各有其时也。倘数顺卦吉，自然雨顺风调；卦凶数逆，难保民安国泰。

元为开物，会为长养，运为收物，世为闭物，此千百十零之所主也。艮为开物，震巽为长养，坤兑为收物，乾坎为闭物。坎为雨泽，离为亢旱，兑为兵革，艮为疾疫，此卦象之所主也。

四柱寒暑之不时，必人民之多疾。

春得夏数，时雨不降，民多瘟疫；得秋数者，阴雨数来，兵革并兴，人民灾疾；得冬数，阳气不胜，麦乃不熟，水涝为灾，百种不入。

夏得春数，虫蝗为灾，暴气来格，五谷晚熟，人民乃饥；得秋数，苦雨数来，五谷不滋，草木零落，民殃于疫；得冬数，风寒不时，草木早枯，路道不通，暴兵或至。

秋得春数，秋雨不降，五谷无实，民多懈惰，师兴不息；得夏数，寒热不节，民多疟疾，五谷少收，秋见水殃；得冬数，阴气太胜，风灾数起，国多盗贼，边境不宁。

冬得春数，地气上泄，民多疥疠，蝗虫为灾，动植多伤；得夏数，国多暴乱，方冬不寒，时雪不降，冰冻消释；得秋数，霜雪不时，白露早降，小兵时起。

务要详其卦气之浅深，不可全凭卦名而妄断。

人　事

天道人事，相为流通。天地之气运，自北而南，自南而北，观之圆图可见矣。夫圆图为天，阳生于北，由东渐长而极于南；阴生于南，由西渐长而极于北。北而南阳渐盛也。方图为地，阳气在北，阴气在南。北而南者，阳用事也；南而北者，阴用事也。故天地之气，合而运行。由北而南，则阳气渐盛，而当时用事者皆阳也，阳为君子在位，则世道治；由南而北，则阴气渐盛，而当时用事者皆阴也，阴为小人在位，则世道乱。乱久则复治，天道人事皆然。

天时盛则人事得，天时衰则人事失。故天地之运，自子至卯为阴中之阳，坎艮震当之；自卯至午为阳中之阳，震巽离当之；自午至酉为阳中之阴，离坤兑当之；自酉至子为阴中之阴，兑乾坎当之。夫阴中之阳，君子之道将长，而小人犹盛，乱而将治也；阳中之阴，小人之道将长，而君子犹盛，治而将乱也。阳中之阳，极治之运也；阴中之阴，极乱之运也。阴阳消长之理，国家治乱之机，推之历代可见。

体用盛衰，当详卦气，宜盛不宜衰也。用逢真进二气生体者为吉，用逢真进二气克体者为凶。体用比和，人事亨嘉。体克用作事迟缓，用克体事与心违。日时合体，事有进益；日时无情，事有不虞。正卦生体，互变克之，先乐而后忧；正卦克体，互变生之，先忧而后乐。

欲知何事之吉，以生体之卦，人事内审之；欲知何人，以生体之卦，人物内考之。克体者亦然。

策曰：元为君长父母；会为弟兄朋友族伯长上；运为本身妻妾；世为子息奴仆，或所为之事，敌手之人也。数顺而全者，作事遂心；数逆而缺者，动辄有阻。卦数生回克出，诸事吉；卦数生出克入，诸事皆凶。元会生运，上人有资于我；运生元会，我求上人。世克运，防人侵算；世生运，有人扶持，纳外来之益。

看生克运爻者何卦，以八卦取象类断之，便知何样吉凶也。故乾乃刚健果决，作事高明；坎为矫揉曲折，变诈不常；艮为反复濡滞多疑；震为决躁，多虚少实；巽乃那兑交易，荐举申呈；离为语言辩给，惊恐忧疑；坤为吝啬，作事迟缓；兑为暗昧毁伤，谗谤欺人。须审其盛衰生克而断之。

身命

身命乃一生之主宰，而寿夭穷通之攸系也。凡占身命，以体为主，以用为命，二者宜旺不宜衰也。故正互变三卦皆生体，更逢四植有情者，动作轩昂，所为如意；正互变三卦皆克体，又遇四植无情者，殊欠精神，所为不遂。用卦生体而互变克体者，早年发福，晚岁艰辛；用卦克体而互变生体者，早岁艰辛，晚年称意。用逢真进二气生体者，百凡如意；用逢真进二气克体者，所求无成。用逢进气入局生体者，日渐显达；用逢退气破陷克体者，日渐倾颓。

贵禄有情生体者，发福发财；如临元气，名成利遂；如临岁德，高人见宠；如临魁元，必登科第；如临禄马，主升迁；如临天喜，主弄璋；如临天财，主进财。

贵禄冲刑泄体又逢破陷者，纵居仕宦，亦不善终。如临天劫，主有灾殃；如临天讼天刃，主官非口舌；如临天贼，主失脱；如临天姚，主阴私之事；如临天火，防火灾；如临天刑，防水厄。后仿此推之。

用生体四植无情，虽富贵而渐衰；用生体四植有情，虽贫穷而渐发。用遇真进者，主有寿；用居休囚者，主疾夭。用遇凶煞而无吉神相救者，生平多疾；用逢凶煞而有吉神相扶者，虽主有疾而终获福。用得纯阳遇吉，为聪明特达；用得纯阴遇凶，为阴邪不正。

纯巽逢真进二气，又遇升降之期，为仙风异术。用体纯阳爻又逢阳者，为僧道，遇阴亦然。

用居上九，人物高明；用居上六，人物褊傲。动爻遇阳，则先吉后凶；动爻遇阴，则先凶后吉。

男命以体为主，女命以体为夫。体生者为子息，体克者为财爻，生体者为父母，克体者为官鬼，扶体者为弟兄。两财两妻两父两男，阳数带煞男有伤，阴数带煞女有损，有阴无阳则伤父，有阳无阴则伤母。纯阴纯阳，以上为父，下为母。妻之美恶论财，无财论体；子之贤愚论子，无子论用；兄弟亦然。

逐年太岁，亦依五行推之。

若论六亲，乾兑用亥水为子，辰土为父，丑土为母；震巽用巳火为子，子水为父，亥水为母；坤艮用申金为子，午火为父，巳火为母；坎用寅木为子，申金为父，酉金为母；离用辰土为子，寅木为父，卯木为母。欲知等辈，四植相扶是也。凡旺相生扶者，各添一数；体用刑克者，各减一数；旺相无生无克者，以本卦推详。

欲知人之性情，以用卦推之；欲知人之带疾，以克体之卦考之。

策曰：凡占身命，以岁为主。看元会运世，何位何卦带吉星与岁君相合相生，便知何人有喜事也。何位何卦带凶星与岁君刑冲克害，便知何人有凶事也。数顺策全，百为如意；数逆逢空，蹇滞多端。缺元父母不利，缺会弟兄有伤，缺运本身有难、妻妾生灾，缺世子息奴仆亦多不利也。元会带吉星生运，有上人提携，得君子之力；如带凶星刑克运爻者反是。世带吉星生运，纳财进喜；带凶星刑克运爻，反此推之。数凶克体，四植生扶运爻而刑克凶数者，为凶中有救；吉数生体，四植刑克用爻而又制伏吉数者，为吉里生灾。

家宅

宅乃栖身之所，关一家之盛衰，人口之安危也。

凡占家宅，以体为主，以用为宅，体宜旺而不宜衰也。故阳卦为阳宅，阴卦为阴宅。

乾卦生体，家道安稳；震卦克体，门户虚惊。离之在夏，宅内光明；坎之在冬，家门暗昧。乾体受生财谷丰厚，坤艮受生田地广阔。坎旺克体，须防小人侵算；离盛伤体，谨慎火烛虚惊。体逢真进二气，四植有情而不受克者，家业渐盛；用逢真进带贵禄生体者，门户日兴。

体用比和，家宅兴旺，财禄日臻。

体生用，家业虚耗；体克用，家业艰辛。用生体，四植有情，其家大发；用克体，四植无情，其家晦滞；用克体，宅舍不丰，长发次衰；体克用，人丁稀少，次发长衰。用带吉神，相生相合，宾客填门；用带凶煞，冲刑克害，人财退散。

内旺而卦气逢生者，身居安稳；外旺而变卦生体，意欲迁移。主生宾，又生日，则家业渐耗；日生宾，宾生主，则家道日昌。宾日克主，四植无情，须防不测，灾殃立见。互变相制体爻，其祸亦然。

阳数带贵而逢生，男多近贵；阴数带花而逢合，女必贪淫。

龙动有喜，虎动有殃。朱雀防口舌，带吉进文章。元武防盗贼，腾蛇有惊惶。

用旺体衰，四植又来克宅者，虽为废宅，终有守成之人；体旺用衰，四植又来克体者，虽为己业，终是典卖于人。

用数卦象重迭，外人同居；体数卦象重见，倒塌新整。坤艮遇坎，墙壁倾颓；坤艮遇震，房屋倒塌。

日时冲克震巽，则左边有损；日时生合震巽，则左边新整。日时冲刑乾兑，则右边有伤；日时生合乾兑，则右边新盖。

前为朱雀，后为元武。朱雀带吉相生，则知聚气在前；带凶冲刑，则知散气在前。元武带吉相生，则知聚气在后；带凶冲刑，则知散气在后。

坤艮与日时相合，真穴真气，后必昌大；坤艮与日时冲刑，地基空缺，穴亦不真。

金木相见则相刑，水土相见则相败，水火相见则相害，木土相克则伤人，火金相遇则损财，金木相遇遭凶患。

坎离重见，出入投水；坤艮遇坎，多患疾疫。坤艮遇震巽，必有孝服；乾兑遇离，家庭凶变。

体用带禄，必出双胎。体衰用互见煞，必主丧事。体克用，互见鬼，亦主疾病。人旺变衰克我，防官事。体互不和，家中多病。

阳卦盛则多男，阴卦盛则多女。日时与体相生相合，时常进益；日时与体相克相刑，家事不宁。

欲知家宅有何喜事，以生体之卦考之，分其旺相，定其日时，自无不验。

策曰：数顺而全者，家宅安和；数逆而缺者，门户有损。数全逢旺而富足，数缺逢衰而贫穷。元会缺，父兄有祸；运世空，妻子生灾。重克重战，祸患将临；多空多缺，死亡相继。秋得夏数者，疾病将至；夏得秋数者，灾殃必临。旺相臻迎百福，逢衰殊欠精神。元克运，防有官灾；世克十，恐遭盗贼。内生外者损财，外生内者进财。奇数盛，家必多男；偶数盛，家必多女。顺数必发，逆数必衰。生内为富家，克外为世家；生外穷窘，克内不吉。三八宅舍光明，五十田园茂盛。二七家必多事，须防火灾。四九必获财，一六水中生意。此乃生成之数也。

屋舍

屋舍之兴衰，关一家之得失也。凡占屋舍，以体为人，以用为舍。卦得纯阴纯阳，偏龙偏穴；阴阳相生，真穴真龙。体用相生，龙虎有情；体用相克，龙虎无情。体用比和，龙虎相称。

体生用，龙山过案水顾虎；用生体，虎山过案水顾龙。体克用，龙长虎短；用克体，虎重龙轻。体用休囚，龙虎无情。

内动左有路，外动右有路。用在乾，家居市井；用在坎，宅近水边；用在坤艮，宅近田园；用在震巽，宅近山林；用在离，宅近人烟；用在兑，宅近官衙古庙。

欲识宅中深浅，须究四植吉凶。体用旺相，四植有情为吉宅；体用休囚，四植无情为凶宅。用逢真进二气，四植有情，更遇禄马为贵宅。阴阳不和，刑冲克害为贫宅，不聚财也。宅数强，人数弱，四植又冲刑用数，为夭宅，人口亡也。子位人数，旺相兼四植有情，人丁茂盛。用生子位，无气兼四植无情，人丁稀少。用若生体，宅舍有荫，住人发福；用若克体，宅舍无荫，住人晦气。用若旺相，体过休囚，兼人数克宅，必是废宅。体旺用衰而冲刑克体者，他人必当变卖；体用相生而日时有情者，必定守成。屋舍之新旧倒塌，与家宅章参看。

策曰：凡造屋舍而来问，须用年月日时以推之，爻策俱全，必能长久，如有空缺，岂得坚牢？三八逢二七，未光饰而先火焚。五十生乾兑，仅存瓦石；四九遇一六，先见水朽。元数缺者，后不利于父母；会数空者，先见祸于弟兄；运数缺者，身与妻灾；世数缺者，子与孙绝。得顺数者，先贫后富；得逆数者，先富后贫。

婚 姻

婚姻乃夫妇造端之始，为五伦之根本也。凡占婚姻，以体为男，以用为女。女家问数，反此推详。故体盛则吉，体衰则凶。体之下为内家，体之上为外家。冲时不遂，合时有成。

上阳下阴，体用相生相合，而日不相克者，为凤凰于飞，夫唱妇随；上阴下阳，主克宾，而日不相克者，为先难后获，鱼水相谐。奇偶相犯，体用相克，夫妻反目，事必有乖。正数生而互变克，始虽和睦，而终须失耦；正数克而互变生，始虽乖违，而终必和合。正数互变，俱来生体，百年偕老。用逢真进生体，四植有情，更带吉神者，女子端静，必助夫荣家之女；用逢休囚克体，四植无情，更带凶煞者，女擅男权，非助夫荣家之妇。体盛，四植有情，富厚之家，带吉夫命必贵；逢衰，四植无情，贫贱之辈，纯阴纯阳固非良女。上下相克，亦岂久长？水火既济，虽强成而不睦；内阴外阳，纵有阻而终成。若为日克，恐有阻隔。

变卦及互卦体，为日所克，夫妇带疾。子日得震卦屯卦，若在本体或互变伏三卦，主女子淫乱，男子亦然。内生外又生日者，妻有二心；外生日又生内者，夫有上妻。日克内，非处子；日克外，非纯男。互体所伏，却占男女心地及主事人，以卦推之。

子逢真进二气，后裔必昌，遇煞无气，定是孤儿。财逢进气，异日享福。阳数男人为媒，阴数女人为媒。互卦生体克用，有人向我而破他；互卦克体而生用，有人向他而破我。正卦生体，互变克之，婚将成而复变；正卦克体，互变生之，人虽破而复成。正衰变旺，先贫后富。兑卦克体，婚未成而先生口舌；乾卦生体，婚成后必见欢欣。坤艮有阻，震卦口舌。

欲知女子相貌，亦以用卦推详。外生内又生日辰者，两家争求。男得震巽者，再婚；女得坎离者，再嫁。又以正卦分外夫内妻，伏卦分上下二家，虚实贫富。伏卦分上下，有气无气分远近，内旺则自己之门户盛，外旺则他家之门户高。外生内，有嫁奁而得彼家之益；内生外，无嫁奁而受彼家之害。互卦生体，我得媒人之力；互卦生用，他得媒妁之权。互卦是阳，男人为媒；互卦是阴，女人为媒。若变卦生体克宾，则有人至我家夸美；若变卦生宾克主，则有人去他家破婚。

策曰：正卦之策为我家，变卦之策为彼族。元会运世之位，祖父妻子之端；男数欲阳，女数欲阴；此十为夫，彼十为妇。女家占得仿此，男族占得亦然。得进数者，有始有终；得退数者，多贫多窘。元数空不利于长，会数缺不利于亲；十数空，哭夫哭妻；零数缺，绝子绝孙。未成婚，观其四象；婚将成，定其数期。空缺重重，终是难成；逆数迭迭，未为好音。阴剥阳则克夫，阳剥阴则克妇。会为婚姻，世为媒妁，所以谐为夫妇，方能成其室家。

产　育

天地和而万物育，阴阳和而男女生。凡占产育，必先察其宾主。故主为母，宾为子。

子母不可损伤，日时最宜相合。日时与母相生相合，最为顺利；日时与母相克相冲，必是不祥。母生子，易生易养；子克母，难生难养。母克子，易生而难养；若子生母，即产而易生。子母比和，上下完全而易产。日克子，子无气则子亡，有气多疾；日克母，母无气则母亡，有气难产；日生子，虽难产，亦不伤命。日辰与子俱来克体，母为不利。子母无气，而日辰又来克之，子母俱亡；母有气，母生疾；子有气，子多灾。子母俱无气，而日不相克者无妨。互生子有气，则子亦易养。互生体，产期将临。互变生体产速，变生体产迟，互变俱无生者产期未至。互变受伤，或值艮卦，必养不大。互体上下生内，儿之气亦实。

初爻动其应速，二爻次之；三爻动，其应稍迟，四爻次之；五六爻动，产期远也。

阳卦阳爻生男，阴卦阴爻生女。阳变阴生女，阴变阳生男。变克体，母亡子存；体克变，子亡母存。阴阳互换，变卦为主；阴阳相半，则察其来占之人左右之位，以定奇偶也。

如欲决其日时，以宾卦数参详。卦旺以墓绝日生，休囚以生旺日生。

乾卦为用，满月有余，在内易生，夏占不利。兑卦为用，胎气不足，在上难生，在下易养。离在内易生，多主哭啼。震为胎动，多主虚惊，在内难生，秋多欠利。巽在外难产，在内易生，秋则损胎。坎主险难，在内易生，四季不利。艮为（阙二字），在内难生，春夏欠利。坤在内难养，在外易生，春天不利。

定男女胎宫，如震卦属木，子孙火胎，八卦仿此。

子午男，卯酉女，八纯多是双生，震巽是长男长女，以卦象推之。乾坤，阳月阳爻伏世生男，阴是女；阴月阴爻伏世生女，阳是男。震坎艮是男，巽离兑是女。日期克子午卯酉，胎速生。

又看有孕无孕，内阴外阳有孕，纯阴纯阳无孕。内旺有子，内有本宫有胎。四植克胎有疾。

如金胎在卯数长生，至月必生产；不及则小产也。盖金胎在卯□月占，即二月也。数日从初一日始，将河图数起时支，长生是阴日木生在子，阳日木生在亥。日辰是土，上半日在艮，下半日在坤。便知某日某时生也。

策曰：凡占产育，最喜顺生顺克，切忌逆战逆刑。欲审生期之应，当观运世之卦。故元为祖宗，会为孕妇，运为收生人及日时定位，世为子息。

世爻属奇生男，世爻属偶生女。会生世易生易养，世克会难生难养。会世俱来克运，无收生人。运克世损胎，运克会母疾。会缺母不存，世空子不育；会世俱空，母子俱亡。上克下吉，下克上凶。

又以外卦为母身，内卦为身中所怀，阳卦居内或动是男，阴卦居内或动是女。当分辨已临期、未临期而断之。

如正当临盆之际来占，若坎数居十上，是为生门。会数缺，母身已空；更临初爻动或值震乾，必已生，离身落地矣。若未及临盆来占，遇会数缺为不祥之兆，主产妇大凶。

科甲

穷之所养，将为达之所施。欲问求名，先观体用，故体为主，用为宾，宾主最宜相生相合，不宜相克相刑。

用生体，体与日辰相生相合者，青云得路，黄甲题名；用克体，体与日时冲刑克害者，虽登虎榜，徒费精神。体生用，不惟无名，且因名有失；体克用，科名虽有，目下难成。体用比和，又逢生旺者，名标鴈塔，身到凤池。日生用克主，名将成有阻；日生体克用，亦有机会可乘。日无气克用而用旺者，始虽阻而终成；日有气克用而用衰者，终不能成就。宾克主，日生主，有人暗中扶助；用生日，又生主，转求他人扶助，亦可有成。日生用，有人救；日克主，有人阻。用日重重生体，易成；用日重重克体，难成。

正卦生体，互变克之，先取而后弃；正卦克体，互变生之，先弃而后取。正卦考其四书本经，互卦考其策论。欲知成名之日，以生体之卦气详之；欲知高下之位，以互卦之数决之。

乾兑书、春秋，离礼记，坎易经，震巽诗经，坤艮乐。

策曰：凡占科甲，须要进数，切忌逆爻。数顺而全，又兼旺相生运者，高登科甲；数逆而缺，又兼休囚克运者，难许登瀛。

故元为考官，会为举主，运为本身，世为文字。元生体，文字见取于考官；会生体，必有贵人举荐。世生体，文字得意；元克体，考官见弃。会克体，无人荐扬；世克体，题目不真。

四柱所缺者何位，便知何事有阻也。二七生体，文章必美；三八益体，声名必扬；一六克体，先见刑克；四九伤身，必主灾殃。元空本经失旨，会缺科名必无。运空主意有差，世缺考官不取。

仕　宦

欲问仕宦，先观宾主，故主为体，宾为宦也。所喜者，宾主当令，四植生扶；所忌者，宾主休囚，四植冲刑。故宾生主，又得四植生合主爻，必得上人见重，不久升迁；宾克主，又见四植刑克主爻，必有上人见忌，不久退职。主生宾而日辰刑克宾爻，亦主退权；主克宾而日辰生合宾爻，目下未遂，终久有升。宾主比和，声名大显，不日升迁。日生用，上人委用；日克用，上人不喜。日克用，又克体，年岁凶荒，人民难治；日生用，而又生体，年岁丰稔，国泰民安。四植与用有情，同僚和睦；四植与用无情，同僚不和。艮卦克身，丧名失职；兑卦损体，毁伤谤兴；坎卦克体，阴小险陷；离卦伤主，文书不利。

欲知何官，以用卦取象推之；欲知品级，以互卦之下卦取之；欲知年月，观其体之下卦；欲知日时，观其互之下卦。

策曰：元为朝廷；会为辅臣，又为官禄；运为本身；世为任所。上下不可逆，内外不可空。进数升迁，退数降职。上生下，长官见重；外生内，百姓协和。元会生体，官禄加增；元会克体，官禄裁贬；元会泄体，官难升擢；世爻克体，不久见祸，官威有损；元克运，必有差遣；运克元，得罪于上人；元会克体，公差有惹绊之忧；会世生体，公差得上下之利。离巽为文书，乾兑为聘取。元五运二，面圣近君；上乾下坤，出将入相。一六坎陷，二七离明，三八有声名，四九成美满，五十为阻隔。二七逆体，文书忧恼，生体主见天恩。一六战体，笞杖灾刑，合局克体，必主孝服。零空不利于民，运空难存于己。百数断绝，父母丁忧；元数不全，首先获罪。空两位无吉数者，赴任必死；见三位逢战数者，有罪则刑。在任，千数逢缺，非父母丁忧，必朝廷裁革；百数逢缺，停官歇禄；十数逢缺，急宜退身；零数逢缺，必不管事。未任，千数逢缺，始初有阻，未可必期也。

求　谋

欲问求谋，当观体用。盖体为主，用为所谋之事也。故体旺而受用之生，不求而自至；体衰而受用之克，谋之不得，徒费精神。体生用，不惟无成，而且有失；体克用，事虽迟，而终可望。体用比和，所谋必遂，事得如意。

日生外，有人阻。日外俱生体，有人扶助，其事必成。用生日，他人插手。用生日，日生体，转手成之。日克体，所托非人。日无气克用，有阻。用若有气，过一旬可再谋。用克主，日生主，有人助，此虽不成，别有机会。日主比和，亦为大利。

欲知成事之日，以生体之卦气详之；欲知所谋之事，以用卦取象审之。四植有情，百为皆就；四植冲刑克害，所谋无成。

策曰：元为所谋之事，会为主事之人，运为本身，世为敌手。逆数不谐，顺数最利。世克运，所谋无成；世生运，谋事即成。内外空缺，不须动念；战克侵临，谋为见祸。运生世损物，运克外迟成。元会克身有人阻，元会生身得人益。阳数顺，谋诸君子；阴数顺，谋诸妇人。

求 财

凡占求财，先观宾主，以主为体，以宾为财。

主旺而受宾之生，四植又与体相生相合者，如逢涸泽之鱼；主衰而受宾之克，四植又与体相克相刑者，如赶沙场之马。体克用，财虽有而得迟；体生用，不惟无益而有损。体用比和，所求必遂，财帛如意。

日生用，主克用，求之不得；用生体，用克日，取之即有；主克宾，又克日，无有；日克外，日克内，亦然；宾生日，日生主，转手方有；日无气，主无气，求之艰辛；宾克主，本无若得；日时生主，却有，亦不多；宾生主，本有若被；日生宾有阻。又看互变何如，生则有，克则无也。

卦宫与外俱生日者，得十分；卦宫与内俱生日者，得五分。动生静，日不相克者，有十分；若日伤动爻，被人减半。外与日俱克内者，为事所羁，不得去取，或是被人分去。宾生主克日者，当日有，外克日有十分，内克日有五分。前卦克后卦，生内，依傍人求；前卦生后卦，克内，须费周折，二三次方有。

欲知得财之日，以生体之卦，决之卦象与日辰，用五行及坎一坤二之类断。空手求财，以伏卦断。

策曰：元为物，会为财，运为己，世为人。元会顺数而生运，得物得财；运世进数，利己利人；会世逢空，有物无人问；

运世退数，折本无聊；逢空亦然。元会生体，得利加倍；元会泄体，得财即散；逢空全无。世生运，和合而得财；世克运，刑伤而损己。一六水边求财，二七火中得利，三八货物寻钱，四九为金银，五十为田土。数全而旺，十分得利；数缺而衰，财陷无有。元世缺，始终艰辛。

出　行

披星戴月，总为利名劳碌；沐雨冲风，只因衣食奔驰。凡问出行，先察体用，故体为主，用为出行也。

外阳可去，外阴不可去。体卦受生，利有攸往；用卦受克，行无不宜。变卦克身，往而不返；互卦克体，途路生灾。

日生外兮外生内，路逢好伴便回休。日克外兮内生外，马头去急不淹留。内生日辰去程远，内外克日去未休。主象有伤防患害，须分轻重断根由。外阳化阴半路转，外阴化阳速去游。外阴若旺徐徐至，日克内外忧上忧。

体生互则呼他人出力，互生体则得他人用心。欲知吉事，先看生体之卦；欲知凶事，先看克体之卦。乾主健，当速行；坤主静，待时而往。艮宜止，兑有争。互卦克体者，巽卦风阻，坎卦有失，兑有纷争。生体者众，往必获财；克体者多，动必不利。

欲知伴侣姓氏，须从互卦推详。

策曰：逆数不可往，顺数乃可行。空缺出则不归，逆战出则多患。元为未出之初，逢缺始初有阻；会为方行之际，逢空出往难成；运数空而中途有阻；世数缺而到处忧危。外克内者，劳苦千般；外生内者，获利万倍。专以运爻为主，元为身心，会为道路。元会空缺，必主蹭蹬不得动身；运世逢缺，切不可往。元会退数，出而不返；运世逆数，中途留连。惟进数生身为妙，退数克体皆不利，或临行有阻。三八克体必风兴，一六克身必雨阻。

水行忌风浪之惊，陆行防小人之害。又以生克上下定来去，他来生我却佳，我去生他无益，相克为侵，及我有事。艮坤变震终必动，震变坤艮终必止。

行　人

凡占行人，以体为我，以用为行人。体用比和，行人即至；用生体，目下即来；体生用，他无归意；体克用，行人不来，或往别处去；用克体，行人动身，已在途中；用居休囚被体克之，在外必病。

外阴有气归来速；外阴无气主归迟；外阳变阴中路转；外阴变阳即便回；外旺不归，衰绝日至。内克外，用克体，日克内，外克日，日无气，外有气，俱是不来。用生日，日克主，日生主，俱主有疑，或过别处去。

体生用，我望他来；用生体，他有归意；体与日克用，非有事故，即欠盘缠；日生外，被人留；日克外，有事阻。体生用，用克日，日却生内，有人来取物；内外皆动，立至。体用合日是归期。如震内兑外为冲，主动；如辰日得兑用为合，主归家；马入内，归速，马入外，归迟。

用卦无气为日月所克者，大凶，不然流落他乡。恒观泰升，往而不返。豫坎姤震，去即便回。卦得地禄朝元，来速。用互变，自生自克，不来。艮化离，东北转南也。以类推之。

初爻临门，二爻将至，三爻在中途，仿此而推。

四植有情，行人来速，得意而归；四植无情，不得意而返，进退濡滞。

策曰：数顺而全，行人无阻；数逆而缺，行人不归。进顺居前，常逢喜悦；退逆居后，必见灾殃。零缺最为不吉，非祸必病。凡零克十，十克零，及零泄体，行人未动，不可决期。生内者即至，克外者不来。乾震居零克体，其应来速，生体尤速；坤艮居零，生体未可必期。元会退数，来而复返；运世逆数，中途留连。元数缺，已离地头，或临行有阻。一位逢空者身病，两位逢缺者身亡。又曰：祸福易知，日期难决。以零数为主，要生旺；远则以四季生旺月断，近则以日辰生旺断；生体尤速。

疾病

欲问疾病之存亡，当观体用之休旺。盖体为患病之人，用为病证之轻重也。主旺而受宾之生，更逢四植有情，不久安康；体衰而受用之克，更遇四植无情，渐加沉重。体生用，身体弱而目下难愈；体克用，病将退而渐安妥；体用比和，勿药有喜。

日生体克用，不久便愈；日克体生用，渐次加病；日与用俱克体，病重；日与体俱克用，病轻；用生体，久病难愈；互生体，病淹滞；变生体，医人有生气；变卦体生用，进退不一；变卦互生我，日加沉重。八纯一类，首尾旧疾。再于互体中见病，在外上病，在内下病。

主象受伤，用旺死速，用休死迟；日克月克，必死。伏岁者，患病留连；日克月扶，月克日扶，主象生旺，虽凶亦主平安。久病论月，暴病论日。外喜生体，怕嫌日克。日克体，无气即凶。伏卦自克，不宜；互卦生体，其病进退不一。主象虽不受克，日外克之亦凶。

欲识病证，当观卦象。

乾，在上感冒伤寒头痛咳嗽，在下筋骨疼痛，伏内头痛恶心，春伤寒，夏伤暑，秋疟疾，冬冷病也。

兑卦，在上咽喉齿痛气噎恶心，在下痰喘或肺家受证，或因酒生病，不思饮食。春夏与乾同。伏内多是痨咳、口愿、咒咀也。

离卦，在上眼目之疾，在下阳明热证心腹不快，春夏天行时疫，秋冬疟痢，伏内乃脓血之疮疾也。

震卦，在上感冒伤风、四肢困倦，在下浑身酸痛、肚腹膨胀，伏内为惊风之疾。

巽卦，在上饮食伤胃宿食不化，在下手足拘挛、风邪气疾，伏内乃风疾血疮也。

坎卦，在上耳痛冒冷，在下肾虚腰疼水泻吐痢，伏内男因饮酒而得病、女因忧心而成病也。

艮卦，在上脾胃证病、表里不分，在下腹胀、腰背疼痛，伏内时疫少阳之证也。

坤卦，在上脾胃不和，在下肚腹疼痛、小肠疼、气亦喘，伏内腹中之病也。

又看变卦之伏卦。

乾伏乾，内心腹病，伏外头目病，伏坎气喘，伏艮骨疼，伏震手足不伸，伏巽头风，伏离腹热，伏坤浮肿，伏兑口疮。

坎伏坎，内腹疾，伏外小肠下部，伏乾气疼，伏艮脾胃不和，伏震手足黄肿，伏巽背胁拘挛，伏离寒热不均，伏坤气急，伏兑吐逆。

艮伏艮，内头目生疮，伏外手足虚肿，伏乾风肿，伏坎痢疾，伏震手足，软伏巽口眼歪斜，伏离痈疽，伏坤脚气，伏兑口肿齿疼。

震伏震，内手足伤疼，伏外两足虚肿，伏乾足疾，伏坎男子伤风痔漏、女子赤白带下，伏艮足虚，伏巽风痫，伏离伤热，伏坤颠损，伏兑目肿生疮。

巽伏巽，内头风，伏外手足软疼，伏乾翻胃，伏坎下血，伏艮背疼，伏震风气，伏离赤游风，伏坤颠扑，伏兑牙疼。

离伏离，内阳明热病，伏外气喘目涩，伏乾头目疼，伏坎寒热往来，伏艮筋骨疼，伏震瘀疾，伏巽风瘓，伏坤腹胀，伏兑痔漏下血。

坤伏坤，内浑身虚肿，伏外寒痞，伏乾脓血疮疾，伏坎下痢，伏艮虚肿，伏震背疮，伏巽头目疾，伏离腹胀寒热，伏兑伤冒血疾，

兑伏兑，内唇肿口疼，伏外浑身生疮，伏乾下血，伏坎痔疮，伏艮吐逆泄泻，伏震手足有疾，伏巽风颠，伏离小肠疼，伏坤气浮肿。

占病喜四生，怕四绝。丙丁日占阴人，阴阳不通，上冷下热，为气血凝滞。四生卦，春离夏坤，秋坎冬震。四绝卦，春坎艮，夏乾兑，秋震巽，冬坤离。

凡问疾，体弱而鬼强，十有九死；体旺而鬼伏，百无一凶。

坎水为沐尸之煞，坤土为埋葬之虞，震兑克体此是扛尸，离兑克身必为焚骨。艮者止也极也，生体者病久；坎者陷也难也，克体者久困。

欲知痊痾之日，应在生体之卦；欲知危亡之期，须凭克体之爻。

《周易总问》：乾上坤下，占病断例。邵尧夫曰：乾上坤下，初爻动，便是生体之意，变为震木，互见巽艮，俱有生意，病不重，逢生之日即愈。二爻动变为坎，金入水乡，泄体败金，互见巽离，乃风火煽铸，俱有克体之义。须看占时克应何如，即以焚尸之象断，其吉凶以春夏秋冬四季推之，更须详理。三爻动变艮生体，不问互亦断其为吉也。四爻动，乾变巽木，有克体之义，互变皆巽木，重木有扛尸之象，金为砖椁，埋尸之理详矣。五爻动，变离生体，互见巽木克体，病淹滞，须看兆吉则吉，兆凶亦不至于死亡也。六爻动变兑，亦是泄体，互见巽艮，吉凶相半，病危不死，亦看其兆之吉凶何如断之。此断甚明，其余仿此。

策曰：元为人之命根，会为人之病证，运为人之身体，世为人之祸祟及医人。凡命与体，要生旺有气，怕衰绝无气。命体相

合而又旺相，病即回生；若体衰命又衰，再逢会世相克，死在目前。凡断吉凶，先看身命有气无气，体旺病轻，体衰病重。若命体受伤，气数将绝，元缺大数有亏，运缺身体有损，会数缺病证反复难愈，世数缺服药罔效。顺数克出，生意将回；逆数克入，死期必至。元生运易安，元克运命中有厄。命体相合相生而有气，其病渐退；命体相克相刑而衰弱，死在目前。元运皆缺必死，缺世者亦不吉。零爻克体，元数不缺，犹或庶几；零爻克体，千数又缺，其死必矣。会克体，病必沉重，会衰则不妨。元受克，病在头目；会受克，病在心胸；运受克，病在一身；世受伤，病在足。会生运，世生运，俱保无虞。退数生身，其病渐退；退数克身，病反加凶。体旺受克，纵重不妨；体衰克旺，端无存日；体衰命旺，病重不凶。策全而又逢退数，其病渐安；策缺而又逢进数，其病难愈。缺一位者，病将愈；缺两位者，病渐凶。克外者为可保，生出者亦无害；克内者凶事将至，生入者亦是淹留。零缺身命不受伤，亦不伤命。凡得卦，先看上下卦体变象。如子占父母病得泰卦，父入地中矣；父占子病得复卦，子归地下矣。此类推之，又卦体变象之论也。

小儿病证

震坤吃惊，乾兑疳，坎离伤寒，巽艮伤冷。

寅卯足伤，申酉酒麪伤，辰戌鱼伤，丑未糖食或豆子伤，亥子巳午内伤。不伤本体者疮疾，八纯或互体中受伤者重。

医　药

欲问服药，必观脉理。有生体之卦，便可服药；无生体之卦，不宜服药也。故乾坤为用，脉弦紧，生体，宜服温凉及金石之药；兑卦为用，脉弦浮，生体，宜服温凉辛辣之药；离卦为用，脉迟缓，生体，宜服热药培补，及朱砂锻炼之类；震卦为用，脉洪浮，生体，宜服温和补养之药；巽卦为用，脉滞弱，生体，宜服草剂；坎卦为用，脉滑，生体，宜服凉剂通利之药；艮卦为用，脉弦实，生体，宜服温凉，或酰醋调和之药；坤卦为用，脉沈，生体，宜服末药也。不惟看其用卦，互变亦须看，以决始终也。

鬼　神

欲问鬼神，先观体用，有克体者为鬼神，无克体者不须论也。

盖有气者为神，无气者为鬼。日辰克内外者为祟，外有气为鬼。内有气克外是家神，无气是家先也。变卦克外或克体是外祟，变兑是口愿咒咀。先震后巽，化艮有气，是动土砍木，有犯土神。互体受伤，并日月克体，乃家神不安。

乾卦乃坛场庙观，或血刃之鬼，西北方之祟也。兑卦，在内口愿咒咀，在外深潭大泽之神、刀兵阵亡之鬼，西方之祟也。离卦，在内有犯井灶之神，在外旧愿未酬热病之鬼，南方之祟也。震卦，在内为冷坛之神，树木之妖，东方之祸也。巽卦，山林之神，东南自缢之鬼，倚草附木为害也。坎卦，五道之神，投河覆溺之鬼，北方水蛊血病之祸也。艮卦，东北方之土神，山魈木魅，坟墓不安也。坤卦，本社之土神，旷野之邪鬼，绝方枉死之祟也。

词　讼

欲观词讼之胜负，先凭卦象以推详，以体为我，以用为兴词对讼之人也。体旺用衰，而又得日辰生体，我必得理而胜他；用旺体衰，而日辰又来生用，他必得理而胜我。主克宾，四植有情于体，他必遭责；宾克主，四植无情于体，我必遭屯。体用比和，而日不相克者，见官和悦，终必讲和；体用休囚，日辰克之，两边皆罪。体多克用，我心不甘，官事久而不休；用多克体，他心不平，兴讼重而不已。体之互变，卦气盛而生体，则为自己有党；用之互变，卦气日生，则为他人有党。日辰生体克用，我得上人扶助，而见忌于他；日辰生用克体，他得上人维持，而见咎于我。日生内，互又生内，有两人扶我；日克外，互又克外，有两人忌他。用乾官司有救，互兑暗昧毁伤。艮为可止则止，巽乃可行则行。体生互，必失理；互生体，理必直；体生用者损财，用生体者得意。坎离相会必难和，坤艮相并而易散。震巽克体，遭刑杖；坎离泄体，必流徒。见兑而枷锁临身，见坎而牢狱有陷。时克为笞，日克为杖，月克为徒，岁克为流，日克亦刑。日月外俱来克体，我凶；日月体俱来克用，他凶；互变又克无命。欲知和平，看其互上互下；欲知了息，看其变卦之互卦。

占兴讼受状。日辰生用受，日克用不受。内克外，两三次方准；外克内不受。外克内，外生日，转送他处。日外俱克内者，必遭嗔责、反坐之罪。日生内克外，受理官司有主张；日扶内克外，虽有人主张，亦不速理。坎艮不可告，必有嗔怪。坎卦克，我被禁；艮卦克，我被监。克日入狱，墓绝日入禁，长生旺日出禁；日有气生我，亦主出也。

占兴讼虚实。用衰体强，日又克用，彼虚有害我之心，有人阻之，不成讼；体衰用强，日又克体，他实有害我之意，亦有人在内助他，必然成讼。日克外生体，不准；日生用克体，必准。体克用，虽准终是我得理；用克体终是我失理。体受制，我不吉；用受制，他不吉。

策曰：元为官，会为吏，运为己身，世为对理之人。顺数易和，逆数难解。运强终不畏，零弱却无妨。世克运凶，运克世吉。千克运，官府忌我；会克运，吏人欺诈。会生元，事干上司；元生会，事经州县。比和方能保吉，战克未免生凶。运空世盛，往必有伤；彼刚此柔，必有大祸。元世逢缺，事即消散。元数缺，头绪不明；零数缺，他人必有凶。运与元会比和，或相合，已必有人在官府中维持；零数与元会比和，或相合，他必有亲故在官中调护。元数克体，官不顺已，只宜柔顺。已经官，零数缺，其事可断绝；未经官，零数缺，他人必遭凶祸，无结果。凡欲下状，遇元数缺，或元克体，体克元，必不准，准亦不利。零爻克体，决不可告，告必有祸。惟元数生体为美，一告即准。零生体，有所得；零泄体，有所丧。克体亦然。会泄体，刑罚破财。克出易散，生回将和。欲知起讼之源，当察成卦之数；欲知彼此之输赢，须观正变之卦象。

失　物

欲问失物，先察卦象，故体为失主，用为失物。用逢旺相，乃是生物；用若休囚，必是死物。在内未出屋，在外已出屋。用来生体，四植有情，终当寻获；体若生用，四植无情，不可追求；体克用，虽迟而终得；用克体，无踪迹而难寻；体用比和，不求而自见。前卦克体，而互变生，先难后获；前卦生体，而互变克之，急寻则可，迟则更变而转之他处，必难寻。日生内，外生内，内克外，皆可得见；日克内，外泄内，内生外，皆不得见。

内外相生，非贼盗之，乃自遗失；日生外，或扶外，因不小心被人攘去；日生内，或扶内，必有人见。外卦自克，自然败露；日时与外卦相生相合，不败。日克外生内，家人自盗。日生内，外克内，真贼；外克内，又克日，防再来。内卦自生，因寻他物得见；内卦自克，遗在道旁不失。坎卦失物难寻；坤艮在路。变卦专论生克及生克休囚之类。互生体易寻，互克体难觅。体生互者亦然。虽有克应，亦论爻辞。变卦生体，事终益主；兑爻克体，理必伤人。欲知藏觅之处，以变卦推之；欲知寻见之日，以生体之卦详之。

策曰：元为物之根因，会为所失之物，运为己身，世为得物之人又为贼盗。生出者必损失，克入者必难寻。外生内者易得，内生外者落空。运数空缺，其物伏藏；零数生百，其人必还；零数泄克百数，其人不与；无百看千，若有泄体、泄物之数，是为得物之人，又为失物之所；元泄体老人得，零泄体少者得，无泄体之卦，只以零爻断之。大抵生合易寻，泄体难觅，百零俱克，人物皆空，零受克，其人受制。以巽兑为音信，看在何位，便知何人来说信也。

逃　亡

欲问逃亡，先观动静，盖静为主，动为逃也。主旺而逢生，则逃无去路；宾旺而体生，不可追寻；体克用，去而复来；用克体，往而不返；体用比和，实时还转。日克外，不见；日生外，有人留依，方可寻；内生外，归迟；内克外，急寻始见。

归魂卦，在亲戚处寻之必得；游魂卦，去远不归。互卦看所逃之人，扶我生我皆吉，克我我生不吉。忌互变卦，自生自克，不得见。内动未出界，外动已出界。外卦有互象，断其人过别处去。如先得坎卦变艮，则自北过东北，其人非死则病。用正卦本宫墓，为伏藏之地，男以外象为方，女以外伏为方。木动上船金动□，火为闹市甚分明，土为大路出冈岭，水是河边近水村。震离出外无归著，衣食奔驰没主人。欲知去时有向背，当以正卦推之；欲知可寻不可寻，以变卦取之。

策与《失物门》相参看。

盗 贼

欲知盗贼，先观体用，盖体为主，用为盗贼。体克用，终当捉获；用克主，不可追寻；体生用，贼无踪迹；用生体，不挐自犯；体用比和，攻取不难。四植有情，生体克用，去后被人捉获；用数重见，必然再犯。四植有情，生用克体，正贼逃避，余党未散。日克外，必被官司所捉；外旺克日，贼心狠毒，欲起杀害心情。外阴无气生内，自败；外阳无气入墓，必死。本体长生处是贼来处，外卦旺方是贼去处。变之伏卦是贼藏物处，败方是贼暴露处。阳动是男，阴动是女。寻贼诀，其法先看贼在何处，是何人倚贼，用何计得出，或宜固守，或当缓当速。假令伏乾坤之下，其伴多有倚赖，必用气力方可捉之，须详八卦之盛衰生克，方可攻之。

策曰：运为己身，世为贼类。运生世难寻，外生内者易捉。八卦中定其方，四象中明其理。元为老人，泄体者是；会为中年，克体者强。二七避于窑灶炉冶之旁，一六避于沟壑水边之地，三八园林之所，四九公廨之所。坤艮见乾兑，必在州城；震巽遇坎十，多藏河岸；离之遇震，权贵之家；坎之遇兑，歌唱之肆；重木遇乾，楼台之上；重艮见震，墙壁之间。巽为信息，兑为口传。巽兑在元，可问老人与父辈；巽兑在百，得信于朋友弟兄；巽兑在运，问之亲戚、相知，或妻妾之外族；巽兑在世，问之子孙奴仆。欲知其相貌，观之于元会。元缺贼无踪迹，会缺贼无信音。

征 战

以御寇贼，全凭将帅专征；要决输赢，先察主宾生克。盖主为将帅，用为敌国也。主旺克宾，四植又来生扶体爻而克用，则攻取必强；用旺克主，四植又来生扶用爻而克体，则逗遛不胜。体逢退数而生宾，我有败北之势；用逢退数而生主，他有归降之意；体用比和，两边和好；体强带煞，兵中自变，只宜守旧；用衰生体，他求和兵，带吉神必有真意，带凶煞必是诈降。体若克用，主兵动而他逃；用休囚他必败，临凶煞他自变。体若生用，我与他和。用数元气受制，我可截他粮食；元气被四植冲刑克用，可说他士卒。体数元气受制，他必截我粮食。若四植冲刑克体，有人来说我甲兵。日克外，日生内，用兵皆吉；内旺克外，则可攻；外旺克内，宜谨守；内衰只宜守静；外衰我宜攻取。日辰旺，外衰则吉；日辰衰，外旺则败。主将命支与内相生相合，或比和，皆吉。内阳外阴，奏捷必闻；内阴外阳，胜负相当。

外得乾震不克体者，大宜进兵则胜，艮宜止。内得坎离，宜伏兵；外得坤，敌国人众；得兑弱；外得乾，敌兵有马。阳变阴，衰无气，防损折；阴变阳生旺，而兵强宜进。动互为敌情，又为谋约；变卦推旁情。互卦克谋约，胜；谋约克互爻，败。六爻动，进退惊恐。外兑克内震，防失主将，亦看有气无气；外兑克内巽，有折偏将；内乾克外震，获头目；内震克外坤，得土地。外旺是敌来方，外衰是敌败方。互卦外克内重来。

艮宜伏兵，兑为兵器。离旗帜多，敌情虚。纯艮两下敌情实。纯乾两军俱动。纯震必败，当移营。纯巽当虚惊。纯坎相持不决。乾兑为体，兵出为强，欲行交战，宜从西动。坤艮为体，守土为强，欲行交战，宜向南行。震巽为体，宜当守营，欲行交战，当从东进。坎卦为体，宜守西北，交战不可贪功。离卦为体，宜向东南，不可往西北。

互变四植，皆来生扶体爻，主兵不战，他自归降；四植互变，皆来生扶用爻，他兵必胜，主兵必败。凡体数旺相宜攻，休囚只宜守旧。用卦强，当守用卦之方，用意攻之。

以伏卦推其来意，正卦决其胜负，互变看其吉凶。又看体卦。商为西方金，金主刚断，故军士强战攻胜；角为东方木，木主曲直，故军扰多变，有失士心；宫为中央土，土能生长，故军强而士卒同心，宜攻；征为南方火，火主燥怒，故将急而数怒；羽为北方水，水主柔弱，故兵出闇而少威。

策曰：元为主帅，会为大将，运为兵革，世为甲胄粮食。正卦之策为我师，变卦之策为彼阵。数顺策全者得胜，数逆策空者必败。元空主将不利，会缺大将无能，运断人马有伤，世空甲兵粮食不足。正数有缺者，何位便知何人无力，我宜更之；变数有缺者，何位便知何人无力，我宜攻之。彼数强者，我宜深沟高垒以守；彼数弱者，我宜坚甲利兵以攻。我之正策伤彼之元，他之主将不利；我之正策伤彼之会，他之大将必获。数盛临缺，破其阵伍；数盛克元，伤其军旅。此数缺元会，失陷而回；彼数缺元会，战败而去。数逆不可往，数顺乃可攻。下克上者，大将之功；上克下者，师人听命。彼克我数为我败日，我克彼数为我胜期。乾兑兵刃坚利，攻则必胜；艮坤士卒同心，取之必得；震巽士卒扰攘，战不一心；坎弱而离虚，当量敌而进，彼势向南，我宜向北，彼势向东，我宜向西。盖取变方克之，乃为克胜之期也。

坟　墓

凡占风水，以体为行龙、为坐山，以用为坟墓、为穴道，体为左边之青龙，用为右边之白虎，互卦为明堂，变卦为水口。四植与何位相合，便知何位为吉；四植与何位相刑，便知何位为不美。体数旺相为强地，体数休囚为弱地。以左右前后四神为定位。

用旺体衰，来山懒慢，结穴处有气；体旺用衰，来山踊跃，结穴处无情。体用比和，龙虎相称。体伤左边有损，用伤右边有失。日时与四神相合，则知四兽有情；日时与四神冲刑克害，则知四兽无情。用旺穴有气，用衰穴无气。

阴阳相生，真龙真穴。纯阴，穴嫌退后；纯阳，穴嫌向前。问者在中，必居正位，在左坟偏于左，在右坟偏于右。体生用，龙山过案水顾虎；用生体，虎山过案水顾龙；体克用，龙长虎短；用克体，虎重龙轻；体用休囚，穴无龙虎。

体用属乾兑，金水行龙；属坎，水星行龙；属艮，穴在高山近古迹，属坤穴在平地，属震巽穴近园林树木，属离穴近窑灶炉冶。

用阳穴在高处，用阴穴在低处。日生体为福地，日克体为凶地。日主比和，日月生体，俱为吉地。葬后自验。

凡生体比和，互变皆然者，葬之未有不吉者也。克体泄体，互变亦然者，葬之未有不凶者也。

安葬须取生旺月日。

若论穴中土色，以用卦为上之色，以支辰为下之色。

艮用，土色，破土，上是黄；下支寅卯，穴底青黄相间，巳午红赤色，申酉白色，亥子黑色，辰戌丑未亦是黄色。

坤化坎有水，坎化艮有石，坤化巽有旧墓。

若葬后改迁，须看棺木。数象无木，棺椁必朽，逢衰亦然，无金必伤骸体，逢衰骸体不全，用逢乱气坟必多，葬亦无次序。

策曰：元为长上，会为弟兄，运为夫妻，世为子息，此未葬之六亲也。四象全者为奇，四象缺者不利，进数葬后兴隆，退数葬后无益。又以十零定其坐向，震东兑西离南坎北之类也。十缺夫妇难存，零缺后嗣不利，千百克十葬后不安，零克十尤为不美，运世克元父母有伤，运世克会弟兄有损。未葬之初以此论之。既葬之后，以元为棺，会为椁，运为骸骨，世为衣衾，此葬后之四象也。十数逢空，急宜迁改，空缺多者，最为不利，四位全备，乃为奇特。

交易

欲明交易，先观体用，盖体为主，用为交易也。体用比和，不劳心力，而两家愿成。用生体，交易即成；体生用，交易不成；体克用，费力方成；用克体，始终不成。正卦生而互变克，先成而后悔；正卦克而互变生，先难而后易。正旺生体，我得牙人之力；互旺生用，他得牙人之权。互卦克体，有人破我；互旺克用，有人破他；互阳是男，互阴是女。变卦生体克用，有人向我，必成；变卦生用克体，有人向他，破我。互与用生扶，则彼党多；互与体生扶，则此党众。

用旺货有利，用衰利少。凡日生体，日主比和，最利交易；怕日克主、主生日，终是难成。重生重克，亦不利。生体者旺则吉，克体者旺则凶，非惟无利，亦防官非。四植有情终为美，四植无情必难成。

策曰：元为两家主事者，会为中人，运为己，世为他人、财物。大忌空缺逢逆，尤宜顺数策全。元会顺数，与中人相就；逢世数缺，己与外人比和。若会生运，则交易便成；十零泄体，空费无成。顺数卦全，体旺逢生，得之长久；逆数逢缺，体衰泄气，入手见祸。乾兑泄气，重费资财；坤卦生体，不劳而得。

元克体主事者不从，会克体中人厚利；运生世己就人，世生运人就己；数若两断，不讼必病；生数顺旺，不谋而成。内外不可有逆，四体不宜落空，元缺无人主张，零数缺终久无成，元世俱空，始终莫就。

凡问交易，必先看进退顺逆，次看生克何如。零泄体，空费无成，纵成亦费力，必虚耗而无用；元泄体，主事人索己财物；元生运，必成就；元克运，运克元，皆不成；运克会减半，十百价增；数退逆，临成又悔，若退数生体，悔后有成。

谒　见

欲参高贵，须凭体用，盖体为主，用为贵也。主旺受用之生，欢然相接；主衰受用之克，见之不喜。主克用，迟迟得见；主生用，求见不遂。体用比和，喜庆相迎。日克外，外生日，有人阻，不得见。互克体用而不见，互生体用而不悦。用生体、变克体者，先喜后怒；用克体、变互生体者，先怒后喜。内外比和，贵人握手，前后相益，事事从容。内克外，日生外，易见；内与日俱克外，难见，虽见亦不喜。

艮多阻隔，生体则不妨。坎离则不相见，兑见有口舌，乾卦宜见高贵，内震难见。外阳可见，外阴不可见。阳化阴出去，阴化阳在家。互变俱生体，见之得意；体衰，互变俱来克者，其人不得见，见之亦无益也。日旺克体，我被人辱；日旺克用，有人嗔阻。

策曰：凡占谒见，以零为主，元生体必有财，会生体必有禄。零数空缺不可往，其人非有事即不在。见贵人官长，以元为主，元数克体及空缺不可见，元生体见之大吉。欲知其人动静，以元为头帽，会为手执、为左、为后面，运为身体，世为足履、为右、为前面。其忧喜服色，皆以卦象推之。

忧　疑

欲问忧疑，先推卦象，以体为主，以用为忧疑也。用克体，事与心违，祸患将至；用生体，事与志合，喜事将临；体生用，须防耗失；体克用，作事艰辛；体用比和，进益。

互变生我，先忧而后喜；我生互变，先喜而后忧。日生体，上人见重；日克体，上人见嗔。我克日，上人因旧事而怀恨；用生日克我，有人忌我，浸润于上。亦分卦象衰旺以断之。

策曰：数象不可缺空，四位最嫌逆数。数顺策全，不须忧恼；十零空缺，顷刻忧来；零数克身，亦忧祸至。元空则有终无始；零缺则有始无终；元世俱空，始终无事；十零数缺，凡事不可为，为之有祸。元会缺，父兄有患，运世缺，妻子生灾。重战重克，祸患迭临；多空多缺，死亡相继。内生外，须忧损失；外克内，急防小人。乾震居身宜动，坤艮居身宜静，若无生气，必不可动。坎陷，离明，巽顺，兑悦。

欲问自己，以十为本身，看属何卦；以千百零为人物、人事之应。如占他人，或占家宅，以十为人，又为家宅住基；以百零为前后左右；看生克、刑冲、动静、有气无气断之也。

损　坏

上体动，以互卦下体为年，本卦上体为月，变卦上体为日，变卦下体为时；变卦上体为损坏之人物。

下体动，以互卦上体为年，本卦下体为月，变卦下体为日，变卦上体为时；变卦下体为损坏之人物。

饮　食

凡占饮食，必察体用，盖体为主，用为饮食也。主旺逢生，饮食必丰；主衰逢克，其食必无。须看全卦。坎兑生身，酒醉食饱；无坎无兑，酒食俱无。

欲知何物，以用卦互变，饮食类推之；欲知共席何客，以互变，人物类审之；欲知席间何应，以变互卦，人事类察之。上卦为人，变为客数，互之上为酒数，互之下为食数。上体生下，人请己；下体生上，己请人。互变生体，酒不计数；互变克体，不过数杯。上体受生，客不计数。变卦生互，客有后至者；互卦生变，客有先去者。变克体，食之不终；变生体，大吉。互变克体，因他人阻，不得食。

凡算饮食，先观其动静，静则无，动则有。又须察其空亡，因何所阻，不得食也。以互卦取其日时。上互为日，下互为时。

又曰：水一、火二、木三、金四、土五，此造化之理。水咸火苦木酸金辛土甘，此饮食之味。故乾，元明而味辛，取象火卯，为牲之首，又为赤饼、馒、饺，干燥，辛辣，梅、李、胡桃、圆眼、荔枝、石榴、栗子。秋得之食禄丰厚，夏得之食禄衰薄，春得之为新鲜果菜，冬得之为宿食冷物。有大人君子相会，满筵笑语而欢忻，有客起劝。见坎有江湖海味，水麪、羹汤或豆腐；见离有干煎炮炒，面食馒饺；见震巽有鸡鱼豆腐蔬菜：加金有刀砧细缕猪头马肉；加土为土中之物，瓜、姜卜菜也。

兑卦为用，其味辛，其色白，为鱼，为羊，为腌藏宿物，刚毅有口之物。遇旺逢生，则有鸡鸭之肉；逢衰克入，则亦寻常菜蔬，缺物盛之。请师会友，坐中有歌唱之人，因僭越而起谗谤口舌。加火煎鱼炒肉，加水为羹汤烂之类，加木蔬菜，加金宿味咸藏，加土柔软带骨之物。

离卦，为热肉，为肚脏，为馒饺，为煎炒烧炙之物，又为杏梅柿子，外刚内柔、红色之物。遇旺生回则有，逢衰克入则亦寻常菜蔬而已。加水为馄饨，为肉汤，为热熬之物，酒清而有增；加水炒菜而已；加火乾煎炮炒；加土圆甜柔软之物；加金乾脯或刀砧细缕，有糕饼。多会师儒礼貌之人，英才俊杰之士，讲论文章、有益之事。饮酒之期，至时添客，白日之夕，继之以灯。

震卦，为鱼，为鹅鸭，为肺肝，为山林野味、时新笋菜、米食之馔，又为橙橘、酸味之果也。遇旺生回，酒食轻浮；逢衰克入，则亦菲薄也。加水汤饭，或酸咸物品；加火炒饭，或盐菜；加木园林蔬菜；加金必姜辣之物，或蒜之类；加土圆甜之物也。

皆有远信至，逢中酒友疏狂，多动少静也。

巽卦为鸡，为鱼，为猪羊蹄子，为面缕，为羹粉，为酢，为酸臭，为隔宿物，为园林蔬菜，又为半生半熟之物也。其物非济投而得之，必锄掘而得。遇旺生回则有鸡鸭之类，逢衰克入则亦寻常蔬菜也。加金包子乾饼，加水馄饨水面臭酢，加土酢菜，加木蔬菜，加火炒菜，加坎有酒有汤或半荤半蔬。有乾兑食之致病，有坤艮得之非宜。其日会朋友，讲习文书之事。若有煞呕气，会禄得财，马折足不吉，逢喜星外客议婚姻，亦有远信。

巽有旧事相妨，会马则食禄，动则有远信，亦有新鲜湿物也。

坎卦，为豕肉，为细鳞，为宿食，为冷物，为耳头之肉，为咸物，为羹汤，为酒，为水中之物，又为菱芡藕枣杏梅有核之物也。克出饮酒，生回食鱼，加火炒煎，加水蔬食，加金刀砧、细缕，加土圆甜之物。逢离而讲论文书，逢乾而所食乾味，坐中有唱歌之事，或有箫鼓礼乐之具也。

艮卦，为蹄肉，为兔，为雉，为四足，为黔喙之类，为米，为粟，为豆，为茄芋、萝卜、山药、王瓜、薯也。遇旺生回，有君子会客，所食不多，适口而已。逢衰克入，则亦寻常蔬菜也，其物非砍伐取之，则捕得罗来。加木柑橘柚及笋菜之类，加土茄芋薯山药萝卜，加水米粟王瓜。如逢煞克体，防口舌是非，亦不可多食，恐生灾患也。

坤卦，为牛羊，为野味，为糟藏，为柔软之物，又为黍稷，为五谷，为糖，为米，为王瓜，为荸荠，为甘蔗，为土中之物，为瓜，为茄，为血脏，为猪子，所食不一也。静则梨栗茄芋笋，动则牛羊鱼酢，无骨肉。加火乾脯，加金糟藏，加水肚脏。坐中有远客至、故人来，所用必是瓦器。其日会，妇人在坐，无花合则无妇也。会禄马天贵，最顺快，有财，亦七八人同坐；见乾兑为薄切细缕；见震巽乃新鲜之物。

梅花心易阐微卷四

大定根源

先从动处起元机，次下今年月日时。
四柱阴阳加策毕，却将克岁数除之。
加除千百十零定，观其生克定忧疑。
全以十宫为领袖，千百零爻作对持。
日辰又是十之主，宾主相依怕背驰。
百零生十十生日，吉神扶助福来居。
百零克十十克日，凶煞加临祸莫疑。
恶事须要逢隔断，好事逢空又不宜。
身数有时身数断，无身上下互推移。
收归有处方为美，归处无情福亦稀。
数分上下合成卦，又把卦爻随日支。
参以周易本爻断，吉凶休咎在爻辞。
卦爻合数为大吉，百事如心不待思。
卦吉数凶微有咎，卦凶数吉亦为奇。
断数如斯无差别，祸福分明预得知。

取动卦

天地万物莫不囿于数，吉凶悔吝莫不生乎动，一动一静之间，有数存焉。心动于中而形于外，内外相用，其机始兆，因动起数，则吉凶可得而前知矣。是故不动不占，不因事不占。

观占之际，必先于动处而详加审焉，务以先见先闻之动物为主。故以二动合为一卦，或以一动一静合为一卦，皆可算数；或一动则不可算也。二动者以先动者为上卦，后动者为下卦；一动一静者，以动为上卦，静为下卦，算成若干，方下年月日时之数，若动处所取不真，则不验矣。

动卦数

先天一百二十策，出自皇极经中集。
乾卦一六加在先，兑宫二六循头立。
三六原从离上添，四六还在震宫觅。
巽上五六是根因，坎中六六真消息。
四十二数艮家求，四十八数坤位缉。
更加年月与日时，阴阳共合算端的。
好数全在此中推，祸福先知无所匿。
任他铁石也磨穿，搜尽世间鬼神迹。
欲知此数从何来，出入尧夫获麟笔。

乾卦一百二十六策，凡贵重坚刚圆转之器属之。

兑卦一百三十二策，凡铜铁锡及刀斧之类属之。

离卦一百三十八策，凡赤色文彩中虚之物属之。

震卦一百四十四策，凡生旺草木之类属之。

巽卦一百五十策，凡枯槁憔悴草木之类属之。

坎卦一百五十六策，凡卑湿润下从水之类属之。

艮卦一百六十二策，凡瓦器高亢硬石之类属之。

坤卦一百六十八策，凡土釜五谷之类属之。

右八卦之策，与阳爻三十六，阴爻二十四者另为一法，亦与后天轨数不同。取象之类，不能尽述，备载八卦取象内。

六十甲子天地立成定数

阳支	子老阳	寅老阳	辰老阳	午少阳	申少阳	戌少阳
乾甲	一百十二	一百三十七	一百〇九	一百十九	二百二十八	二百四十八
艮丙	三十五	三十四	九十八	五十七	一百三十一	一百三十五
坎戊	六十二	一百〇七	七十五	七十	二百二十二	二百二十五
震庚	八十三	一百二十九	九十四	一百〇七	九十九	二百六十六
乾壬	一百〇五	一百五十八	二百〇二	一百十二	二百四十九	二百四十九

阴支	丑少阴	卯少阴	巳少阴	未老阴	酉老阴	亥老阴
坤乙	一百九十	二百二十八	九十八	一百七十七	一百七十七	三百〇三
兑丁	六十一	五十六	八十三	一百八十七	八十六	一百二十二
离己	四十九	一百十六	九十一	一百七十一	九十五	一百九十
巽辛	一百〇五	一百二十	一百三十六	二百十七	一百〇一	一百六十三
坤癸	一百八十三	二百四十九	九十一	二百九十三	一百九十	二百九十六

点校者按：依《大定神数》之《干支所属八卦正数诀》："中天大定数有因，壬甲戌亥乾九金。戊子坎宫正三水，丙寅丑艮一土星。辛属巳辰巽六木，乙癸未坤八土坤。丁酉兑上金神二，可谓金石卦中寻。庚卯震宫逢五木，己午离四火文明。"《八卦策数加诀》："乾策十二合天工，坎七山成艮九中。震索长男居五位，巽为长女宣八风。南离单六坤十六，十七应知兑上逢。先下干支数定卦，分宫照策加数同。"《天地立成定数》经常配合以上二诀使用，故附录于此。

阴阳加策

阴阳策者，以四柱支辰而定之也，定之之法，子寅辰为老阳，未酉亥为老阴，午申戌为少阳，丑卯巳为少阴。老者胜则加阳策七百二十策，少者胜则加阴策三百六十策，若老少相等，亦从阳策加之。大抵物极则反，阴阳之气，少者有方长之机，老者有易消之渐，所以老少相等，则当以方长者为主也。加阳不加阴，加阴不加阳，阴阳不可以并用，犹君子小人不可以并立也。

年除数

太岁斡运四时，犹人君之统御百辟，所当亲君子、远小人之义也。加阴阳策毕，然后以克岁之数除之。如甲乙年除去乾兑十一数，丙丁年除去坎三之数，戊己年除去震巽十一数，庚辛年除去离四之数，壬癸年除去坤艮九数。于是千百十零之位定矣。

大定起例

一艮二兑崇，三坎四离同，五震六巽位，八坤九乾逢，非惟七借巽，十亦借艮宫。

元会运世

千为元，为春，为性，为来历，为祖宗根基也。

百为会，为夏，为情，为内，为左，为后，为父兄师友也。

十为运，为秋，为形体，为主本，为事意，为己身妻妾也。

零为世，为冬，为气，为性情，为右，为前，为人事，为子孙奴仆也。

数有空缺

数贵全不贵缺，贵续不贵断。无千曰缺，无百曰隔，无十曰断桥，无零曰折足。六虚曰空亡。无千而有百十零者谓之断头，有千百零而无十者谓之断桥，有千百十而无零者谓之折足。有千而无百十零者，有百而无千十零者，或有千百而无十零者，总谓鹊巢格，作事含糊，有头无尾也。

数有隔借

隔借者，隔一位而相借也。无千则借十，无百则借零，无十则借千，无零则借百。假如一千〇三十八，则借八零合千，作一八三八推之。又如一千四百〇四，则借一千为一十，作一四一四推之。如只有一千〇二十〇，则是两头皆断，无可借矣。

数有顺逆

顺数为进，逆数为退。一二三四五为进为顺，五四三二一为退为逆。

凡看策数，以元会为先一节，以运世为后一节。有先进而后退者，有先退而后进者。大抵吉事，宜进不宜退，凶事宜退不宜进，更以归元魁贵禄局空亡陷破观之。

凡求名求利得进数者，则事无不成，失局者次之，隔一位者亦然。占讼占病，得退数者，则讼渐息、病渐轻，失局者亦然。

以数合卦

合数者，千百合为上卦，十零合为下卦也。如千百或十零，合成十数以上者，则以九除之，看其所除，剩下之数为卦。盖数始于一而穷于九，遇十以上则当除之也。

假如一千三百四十六策，一三合成四数为离，作上卦，四六合成十数除九剩一为艮，作下卦，是为火山旅。又如〇九〇九为八纯，乾卦。如一八〇九，亦为八纯，乾卦。如一〇四一，为山雷颐卦。如一五九〇，为风天小畜。如有千百而无十零者，或有十零而无千百者，皆作八纯卦看。盖千百不可相离，十零不可相舍也。

卦有动爻

动爻者，以支取也。亥子日初爻动，丑戌日二爻动，寅酉日三爻动，卯申日四爻动，辰未日五爻动，巳午日上爻动。阳爻变阴，阴爻变阳。依周易爻辞断。

天地生成数

天一生水，地六成之，一六为生成真水。上应壬癸，下应亥子，乃北方之秀气。甲乙见之为印绶，戊己见之为财源，庚辛见之为耗气，丙丁见之为鬼局，壬癸见之为文魁入庙。故“壬子一兮癸亥六”。

地二生火，天七成之，二七为生成之真火。上应丙丁，下应巳午，乃南方之秀气。甲乙见之为泄气，戊己见之为印绶，壬癸见之为财源，庚辛见之为鬼局，丙丁见之为文魁入庙。故“丁巳二兮丙午七”。

天三生木，地八成之，三八为生成之真木。上应甲乙，下应寅卯，乃东方之秀气。丙丁生人为印绶，庚辛生人为财源，壬癸生人为泄气，戊己生人为鬼局，甲乙生人为文魁入庙。故“甲寅三兮乙卯八”。

地四生金，天九成之，四九为生成之真金。上应庚辛，下应申酉，乃西方之秀气。壬癸见之为印绶，丙丁生人为财源，戊己见之为泄气，甲乙见之为鬼局，庚辛见之为文魁入庙。故“辛酉四兮庚申九”。

天五生土，地十成之，五十为生成之真土。上应戊己，下应辰戌丑未，乃中央之秀气。庚辛生人为印绶，甲乙生人为财源，丙丁见之为泄气，壬癸见之为鬼局，戊己见之为文魁入庙。故

“戊辰戊戌五为阳，己丑己未十为阴”也。

凡入庙而无刑冲者，轻则官居五府，重则八位当权；有印绶者贵显，有财源者发福，泄气者耗散，鬼局者寿命难永。生成接续，福禄从容；生成间断，荣始辱终；生成重迭，争者不争，化者不化，如一数见两六，或两六见一数是也。

二极数

乾元用九，其数有九而无十；坤元用六，其数有六而无七。七与十乃天地之极数也。天遇之则日月星辰不布，地遇之则水火土石不留，万物遇之则绝类而不生。人命身宫遇之则中年凶晦，刑克妻子，退耗财产，已任者降官削职，未任者阻滞难成；流年见之有登高履险之患，舟马往来之惊，若带凶煞甚者，非罹重祸，必主伤残。

阴阳数

阴极生阳，阳极生阴，数得纯阳，将消变也。一三五九虽曰纯阳，午年月日时得之，则阳极阴生矣。二四六八虽曰纯阴，子年月日时得之，则阴极阳生矣。故算胎息，亦以此法，否则无男女之分也。

分　格

兑分为二艮，离分为二兑，巽分为两坎，坤分为两离；坎分为三艮，离分为四艮；巽分为三兑，坤分为四兑；乾分为三坎，他如一二坎之分也、三六乾之分、二四巽之分也。余仿此。动数得坤，而千百十零遇重离在百者，是分也。

合　格

两艮合兑，两兑合离，两坎合巽，两离合坤，三艮合坎，三兑合巽，四兑合坤，四艮合离。他如坤二六之合也，乾五四之合也，巽一五之合也，余仿此。动数得离，而十合得坤者，是重离合成坤也。

数有错综

夫错者，杂也；综者，总也。以千百十零总作一处算之，假如一千四百五十八，只作一十八数算之，谓之总合而又会合也。

数有乘除

先算乘数得多少，然后以九除之，余者是剩。有剩在千者，有剩在百者，有剩在十者，有剩在零者。剩在何位，便知何位有人暗扶也。

假如一千二百二十五，合得十数，除去九剩下一，得艮在千。如一千三百二十六，合得十二，除去九剩下三，得坎在百。如一千三百四十五，合得十三，除去九剩下四，为离在十。又如一千五百三十六，合成十五，除去九剩下六，为巽在零。如一千四百四十四，合成十三，除去九剩下四，为离，百十零皆见。又如一千五百五十三，合成十四，除九，剩在百与十。以此而推，则暗中之事，可得而知也。

观数吉凶

吉凶之数，各有取舍，不可一例而推。以三元神煞配卦，所喜者，天禄正禄，天贵魁元，朝元会贵，演禄鞍马，天喜三合，六合地禄而已。所忌者空亡，耗灾破泄，困陷死绝，刃劫破碎天讼而已。

四象说

夫四象者，元会运世也。以千为元，百为会，十为运，零为世。太岁者，又四象之纪纲也。故太岁斡运四时，犹人君之统驭百辟也。其理以年干为主，以数为宾。

一数之内，[1] 又以运为主，元会世为宾，最喜者宾语相生相合，最忌者，宾主相克相刑也。如元会运世生扶运爻，又生日辰，与运数相生相合，而元会世来克运者，则事虽好而权不及时，为人所制伏。若元会世来朝运，运与日辰不相得者，此又好中不足之数也。

天　时

凡占天时，不分体用，全观诸卦，详推五行。离多主晴，坎多主雨。坤乃阴晦，乾主晴明。震多则春夏雷轰，巽多则四时风烈，艮多则久雨必晴，兑多则不雨亦阴。夏日离多而无坎则亢旱炎炎，冬日坎多而无离则雨雪霏霏。全观诸卦者，谓互变之卦。五行谓离属火主晴，坎属水主雨，坤为地气主阴，乾为天主晴明。震雷巽风，秋冬震多无制，亦有非常之雷，有巽佐之则为风撼震动之应。艮为山云之气，若雨久得艮则当止，艮者止也，亦土克水之义。兑为泽，故不雨亦阴，是以乾象乎天，四时晴明；坤体乎地，一气惨然。乾坤雨同晴雨，时变坤艮，雨并阴晦不常。人数有阳有阴，卦象有奇有偶。阴雨阴晴，奇明偶暗。重坤乃老阴之极而久晴必雨，离为火必晴。乾兑之金，秋晴明而冬雪凛然；坤艮之土，春雨雪而夏火炎蒸。《易》曰：云从龙，风从虎。又曰：艮为云，巽为风。艮巽重逢，风云际会，飞沙走石，蔽日藏山。坎在艮上，布雾兴云。若在兑上，凝霜作雪。乾兑为霜雪霰雹，离火为日电虹霓。离为电为雷，重会而雷电交作。坎为雨而巽为风，相逢而风雨骤兴。震卦重逢，雷惊百里。坎爻叠见，泽润九垓。故卦体之雨，逢亦爻象之总断。地天泰昏蒙之

[1] 校订者按：《古今图书集成本》此处有脱页，以下至下文“或晴”处，据《云南丛书》本补足。

象，天地否水地比黑暗之宜。八纯离夏必旱，四季皆晴。八纯坎冬必寒，四时多雨。久雨不晴，逢艮必晴。久晴必雨，得此亦然。又若水火既济，火水未济，四时不测风云。风泽中孚，泽风大过，三冬必然雨雪。水山蹇，山水蒙，百步必须持盖。地风升，风地观，四时不可行船。离在艮上，暮雨朝晴。离互艮宫，暮晴朝雨。巽坎互离，虹霓乃见。巽离互坎，造化亦同。又须推测四时，不可执一而断。震离为雷为电，应在夏天。乾兑为霜为雪，验于冬月。天地之理数如此，学者其默而存之。

震为雷，春夏重见，主有雷声；震离相接，雷电交作；震兑相冲亦然。二兑逢一震，风雨来。

巽为风，重见大风，主晴；遇坤艮为扫退阴云，亦晴；冬遇坎兑则为雨雪；春夏见离，风和日暖。

离为火，重见主晴，单见亦然；艮坎相接，则阴晦，坎离相接亦然。

坤为地，久雨则晴，久晴则雨；重坤主阴云；兑坎在中，风雨交作，虽晴亦不明朗，虽阴亦无雨泽。

空缺多晴，带合多雨，兑坎遇缺反雨，乾离遇缺反晴，冬前重坎多晴明，冬后重坎多雨雪，千百合离、十零合乾亦主晴明，得离骤晴，得坎骤雨，内外合离则晴，内外合坎则雨。

如得一千六百二十四数，以一合六成七，为上卦，以二合四成六，为下卦，又以一六七二四六，分为六爻，上二爻为天，中二爻为人为物，下二爻为地。先以上爻断，何日晴，何日雨；次看中二爻，万物得雨旸，何方熟，何方损；又看下二爻为土数、金数，生克何如。天爻水，地爻土，则易雨易晴；天水地金，则雨未止。金能生水，木盛生火，以类推之，自无不验。

大凡节前三日不可推天，节后三日不可推地，盖天地节序之气未定，故不可轻易推之。

岁序

凡占岁序丰凶，或于冬至，或立春，或元日，观其天色晴明阴晦风雨为外卦，后取地上之气色声音为内卦，内外共合得数多少，又将冬至年月日时之数，或立春年月日时之数，合前卦数，共算得几千几百几十几数，分为元会运世，以运为主，以元会及世为辅，以太岁支干为根本，与运爻有无相生相克，而观吉凶之轻重也。

如数全策佳，更有归元贵禄者，是年风调雨顺，国泰民安。如数缺，更逢困陷破耗者，风雨不调，人民多疾。看何方受克，何卦失时，便知何方有何灾祸也。

以千百十零分东西南北、春夏秋冬。故艮为开物属春，震巽次之，巽为长养属夏，离坤次之，坤为成物属秋，兑卦次之，乾为闭物属秋冬之交，坎艮次之。又震为稼穑，巽为蔬果，离为晴明，坎为雨泽，兑为兵刀，坤艮为疾疫。

卦数克运克岁者，为灾；和平者，无咎。

如春得夏数，则雨水不时，草木早落，人民有恐；得秋数者，民多疾疫，风雨不时，蓬蒿并兴；得冬数者，水潦为害，霜雪大挚，首种不入。

夏得秋数，则苦雨数来，五谷不滋，四鄙不入；得冬数，则草木乾枯，水败城郭；得春数，则虫蝗为灾，暴雨来格，秀草不实。

秋得冬数，则阴气大胜，介虫败谷，戎兵乃来；得春数，则国乃旱，阳气复还，五谷无实；得夏数，则国多大灾，寒热不节，民多疟疫。

冬得春数，则冻闭不密，地气上泄，民多流亡；得夏数，则国多暴风，方冬不寒，蛰虫复出；得秋数，霜雪不时，小兵时起，土地侵削。

《礼记·月令》，亦可参看。

如卦得明夷、损、革、渐、涣、乾、坤、大畜、观、颐、解、益、萃、升、震、丰、兑、节，皆吉兆之年也。

地　理

凡占地理，必于乡邑要会之地观之。言语嘈嘈为兑，仓皇奔走为震。或闻钟鼓之声，或禽兽之声，或杵臼之声，或土石之声，或哭泣之声，皆可取卦。但以先得者为内卦，后得者为外卦，内外卦共得数多少，次加年月日时之数，共算得若干，分为元会运世，每一位管三十年为一世，四位管一百二十年。

以元为地理衙门，会为官长府库，运为市井人民，世为商贾货物，看何位逢魁禄贵禄马则吉。在元则知地兴旺，在会则知官长兴旺，在运则知人民安乐，在世则知商贾得利，反是则凶。如逢空缺破陷，在何位则知何年月日，何方有灾疫火烛，何方有土石崩陷，何家成，何家败，何人穷，何人达，皆可得而前知也。

如乾卦逢吉，官长兴旺，逢凶反是。兑卦逢吉则平安，逢凶有刀兵。震卦逢吉主平安，逢凶有惊恐。巽卦逢吉和顺，逢凶山林有损。坎卦逢吉平安，逢凶水火盗贼。离卦逢吉文明显耀，逢凶火烛毁伤。坤卦逢吉人民和顺，逢凶人民疾疫。艮卦逢吉兴工筑室，逢凶山势崩陷，人民灾疫。

起　屋

凡占起盖，以地基方位或地上气色、物件起卦数，再加年月日时之数，共算若干，分为元会运世，以运为主为地脉，以会为后山，以世为前山，以元为发源之地。

四柱无缺，必为旺地；四柱有空，不可图之。十为住居，宜旺相，带贵禄归元，忌空亡耗陷。会主生运或比和，发福发财；会世克运，损人耗物；会生运后山有气，父兄兴旺；世生运前山有情，子孙兴旺；运生世不聚财；世克运有祸患。

四柱有情宜起房屋，四柱无情不宜起造。

运见震巽，世逢离火，住未久而火先烧；坤艮生世之乾兑，仅存瓦石。乾兑生世之坎水，修未完而木先朽坏。

元数缺者，盖后不利于父母；会数缺者，先见祸于弟兄；运数缺者，身与妻灾；世数缺者，子息稀少。

顺数者，先贫后富；逆数者，先富后贫。运数见土木旺，宜起盖；见金旺，宜居肆；金水旺，架屋不成；见乾为高亢，近公廨；见兑近农圃隙地；见离乾燥，近人烟；见震巽近树木；见坎卑湿，近池塘；见艮近山石；见坤近地势平坦。

家宅

凡占家宅，必观其男女动静，或庖厨机杼之声，或鸡犬牛马之声，或观形色气象，以先得者为内卦，后得者为外卦，内外合得几数，方以当时年月日时之数，合成若干。

故数顺而全者，家宅安和；数逆而缺者，门户有损。数全逢旺而世带魁元贵局来生内者，家宅兴旺；数逆逢衰而来刑克运者，家业倾颓。重刑重克，祸患将临，多空多缺，死亡相继。

秋得夏数，疾病将至；夏得冬数，祸患将临；春得夏数，必遭瘟疫；秋得冬数，必染痢疾。

运数旺相，臻迎福履；运上逢衰，殊欠精神。元克运，防有官灾；世克运，恐遭盗贼。运生外者，财散；世生内者，进财。奇数盛，家必多男；耦数盛，家必多女。进数必发，退数必衰。生内为富家，克外为世家。运上震巽，宅舍光明；坤艮，田园茂盛。离卦克身，家必多事，亦防火灾。坎卦克身，人必陷己，须防贼盗。兑乾美满，作事称心。

以元为父母，会为兄弟，运为夫妇，世为子息。元会缺父兄有祸，运世缺妻子生灾。何位逢贵魁禄马，便知何人为吉。

又以四位演为六爻，初爻为地，二爻为房屋，三爻为人口，四爻为仓箱，五爻为栋梁，六爻为瓦片。属金则多金谷，属土则多田地，属火次第发达，属水渐有不安，属木安顺。须分生旺断之。有克则凶，有生则吉。初爻属金，地有窖藏。

凡占地基，以十为主，百零为辅，盖十乃所居之地，百为后面，世为前面，俱要有气，忌空陷。四位属何卦，便知城市山林平地水边也。

婚　姻

凡占婚姻，或于媒妁发言之始、人物动静之处起卦，再加年月日时，共算成千百十零。

正卦之策为此家，变卦之策为彼族；此千为公姑，彼千为父母；此百为叔伯弟兄，彼百为姊妹弟兄；此十为夫，彼十为妇；零为子息。

男数欲阳，女数欲阴。得进数者，有始有终；得退数者，多贫多窘。元空不利于父母，会空不利于弟兄，运空难为夫妇，世空子息艰辛。元数生旺入局，门户多光大；破陷逢衰者，如常。会数带贵生旺，弟兄清贵；困耗失局者，反是。运逢生旺贵禄，夫妻容美；逢衰失局者次之。会为主婚，世为媒妁。空数重重，终是难成；逆数迭迭，未为好音。运爻相生相合，夫妻偕老；运爻相克相刑，夫妇不长。阴剥阳则夫早克，阳克阴则女先终。运克元会，先刑父母；运克世，先克子息。初生运，逢二极，无生育。

产　育

凡占产育，先起动卦之策，再加年月日时之数，总算成千百十零。会为收生人，运为母，世为子。

最喜顺数，切忌逆爻，四柱不可空亡耗陷。

顺生顺克，易生易养；逆生逆克，难养难生。运生世尤为顺利；世克运，难产，有惊。世奇生男，世耦生女。空耗困陷则胎气不足。二极在零，多是死胎，惊厄不免。

如得顺数，百十零上有血光、天贵、归元、禄贵，易生易养，子母无虞。如得逆数，更带天刃、劫、讼，难生难养，子母有惊。世缺子死；运缺母亡；运世皆空，母子俱亡。

克应日辰，以变卦取之，卦吉则吉，卦凶则凶。乾兑应巳酉丑日时，震巽应亥卯未日时，艮坎应申子辰日时，坤离应寅午戌日时。

又看有孕无孕，以身数为主，如身得动数，零数生旺，谓之身数动而不空，则有孕；如身得空数，零数又不生旺，谓之身数空而不动，则无孕明矣。乾巽坎离为动数，六虚不用为空数。

出　行

凡占出行，先于起意之时，得何卦数，再加当时年月日时，共算若干，分为千百十零四位，忌嫌困陷，最喜生旺。元为主事，会为伴侣，运为本身，世为仆从。

元缺有阻，会缺无好伴，世缺人马不得力，到头失陷。如世带禄马生身，到处遇贵，得财获利。运逢困陷而又生世，耗财耗气，最不可行。运克世，世带禄马，亦有好人相遇，虽作事迟，终久得意而返。世克运，防人侵己。若临坎卦或天劫，须防贼盗、疾病。

百克千与十，伴侣不和，暗中相忌。千制百，同伴顺从，凡百皆利。运缺切不可远行，涂中非病即祸患相临。千与十空，或遇困耗，皆主失陷。如会运上带马，十零上有震巽坎为粮料，则有所归，更加入局，十分如意。如逢空缺，多是去不成，既去则无收拾，不得意而返。

行　人

凡占行人，以起意之时得何卦，方加年月日时，如前法算之，重在十零上，十为身，零为足。

身带贵禄入局，行人在外得意；零带贵入局，行人在外有贵人提携。身带困耗则有病。十零空缺，其人非病则官灾口舌。日时冲刑运世，行人将动。百克十，同侣见忌于我；十克百，我见忌于伴侣。元缺不在彼处，会缺无好伴。世缺行动有阻，决然不来。休囚未动。生旺带合更有禄马动者，决来；马不可空耗，空耗决然不来。零上见巽离或见马，便回；如空缺，不得回。若见七十数，行人有足疾，或外事牵连迟疑，不来。贵喜在零，与运生合，因贵淹留。

应　举

凡占应举，看起意之时，得何卦数，再加当时年月日时，共算成若干，四柱不可空耗。盖千为监临提调，百为考官举主，十为本身文章，零为论策及报捷之人。

千数带贵魁禄马，监临提调喜之；百数带贵魁禄马，考官举主爱之；十数入局，文章得意；零数得局，论策称心。四柱得巽离，为文章得意，更有天贵天赦天喜禄马，则文书有气，官爵高迁，远信临门，喜事入宅。凶星在数，文书迟疑，所谋少成。

元缺监临不取；会缺考官不爱，亦无举主荐扬；运缺非有事故，不得入场，必文章题目有失主意；世缺亦然。

百零生运，虎榜题名；百零克运，龙门点额。进数逢禄马贵人，更与四植相合者，求无不得。退数乏禄马贵人，更与四植冲刑克害者，徒费精神。求官亦仿此而推。

求财

凡占求财，先观四象，其法亦如前例。

顺数可求，退数难得。元为生财之本，会为货物之源，运为主，世为所依之人及财物也。

克出生回，最为得利；生出克回，反是不祥。如逢关门沐浴，空冲缺数，难为财喜，徒劳无功。元带贵魁禄马，与运相生相合者，其财有源，求无不得。会生运者，货物得利，又得贵人在中增利。世带贵禄入局生运者，不求而自来，十分称意。元克运少遂。会克运者有人在中破败；世克运者，徒费精神，愈求愈远。

四位所缺者何位，便知何人在中有阻也。运世逢缺，须防不测之祸，非横之灾。求谋仿此。

疾病

凡占疾病，先察运爻。元为病源，会为医人，运为本身，世为药饵。

运数最喜生旺，忌嫌落空；困耗者，其病沈重，进退不一。元空病证不一。会空无好医人，运空天数不顺，世空病难痊可。世生运，服药有功，不久自愈。世克运，药不投病，服之罔效。

运生世，身体虚弱，目下难愈。运克世，病不伤命，迟迟而可。运克会，医人无力。会克运，用药有差，反致加病。会世克运，十死一生。

四位见贵局，则逢良医或师巫有救；数逢空缺，则药不投病。

七与十乃是阴阳极数，不可在身，又不可重见。忌见土木克身，盖木为棺，土为冢也。最嫌回头沐浴关门。沐浴二煞号为追魂星，四喜及亡神俱为扛尸煞，有此三星，必死无疑；如此星逢空，亦可救。如零上有天贵禄马，应日即安，无事。其病证亦在运世看之。

生 死

凡占生死，须于本人身上起得亲切，方加当时年月日时，算成千百十零，先看运上禄马有无旺相，次看上下三位有无相克。

如二位来克，一位来生，不满三年；如一位来克，两位来生，尚有一纪之上；如三位生身，虽有病无害。

老人已迫穷数，不宜生旺，与克同断，患病得此，尤为不佳。

坟 墓

凡占坟墓，于登山之时，取墓上之土色，或草木之声色，以观动数，复取所坐为内，所向为外，得何卦，属何宫，后以当时四柱，合前动数，得若干策，以运为主断之。

有贵禄入局，则为富贵可知。以上下之数观其吉凶。以百二十年为限，分作四代，看那一代有贵禄入局，便知某代为吉。如无贵禄而遇困陷，便知某代为凶。凡有断乏，隔位补借。

十零生千百，子孙荣显，父祖有封赠。千百生十零，父祖贵显，恩泽垂于后昆。内吉子孙显达，外吉女婿名扬。

词　讼

凡占词讼，先起我之数毕，又起对讼之人数，二身观其生克何如。我克他则为我胜，他克我则为他胜。我生合彼，是我去和他；他生合我，是他来和我。

以千为官，百为吏，十为身，零为隶卒牢狱。千百克我十，官吏不顺我而受亏；十百克彼十，官吏不顺他而受责。千百生我十，我有贵人扶持；千百生彼十，他有贵人调护。

最喜本体禄旺。如零爻克我，我必有牢狱之灾，克他亦然。

震离多动少静，坤主息争，兑主口舌，坎艮主牢狱。战克者，尤为大忌。

交　易

凡占交易，亦依前例起之，千为主事人，百为货物，十为己身，零为牙人。他身数生我，或我克他身数，皆成。百生我，货物出手；我生百，其物得利。零克我，牙人破阻；零生我，牙人向我，成就亦易。百零生我，其为大利，成之而有益；百零克我，不惟无成，成之亦有害。

假如有人贩木，数得一千三百〇五策，盖缘五为震木，又逢春旺，三坎亦来生木，事虽迟滞，亦获大利；但卦逢噬嗑，其中有间隔，防口舌，亦却为财，宜热闹处交易，必然大吉。

逃　亡

凡占逃亡，以十为主。如十上见巽，可向西北方寻；如十上见乾，可向东南方寻；余仿此。又看百上属何卦，艮数向山中或东北方去，乾数向西北方或公廨之所，余亦仿此而推。

凡十零带贵入局，终得见，即便取得；如带合不曾出屋。如零上逢冲及空缺，失物不可寻；落空远去而难寻。如他身数受克，不能远去，或去而复来也。

两家气数

以两家之数并观之。先看两下体数强弱，有无贵禄入局，上下有无生克。如身带贵禄，上下俱来生体者，为上；逢困耗，上下俱来克体者，为下。有归元贵禄，二生一克者，其人有疾；如有贵禄无归元得局，二克一生者，父子有病，田宅进退困耗；克身无贵禄入局，三位皆克体数，为下下矣。

乾艮克体脾胃有疾，震巽克体主风邪肝胆之病，乾兑克体主痰疾，离火目疾心痛，坎水脏腑之灾。

昔有人起婚姻数，得一千〇四十三数，为山风蛊卦，蛊者，坏也。此女子必为他人所坏，因奸而出丑也，后果然。盖体数四，离为中女，被三坎中男克之，乃火被水克之也。

物之成败

买物从物上起数，再加买时年月日时，共成若干，以身数为主。上下三位俱来克体，其物即坏。

木物忌金，土物忌木，金物忌火，火物忌水，水物忌土。

如竹木之类，见乾兑即伤，又看体数败于何日，再败即损，三败即灭，以此推之，便知何月日坏矣。

或体带贵禄入局，重克则损，一生一克损后重整。上克体上人坏，下克体下人坏。更以所克卦象推之，则不逃矣。

物之隐微

起数亦依前例，须看十数属何卦：乾为圆转周旋之物，坤为镇静柔软之物，依此而推。又看生克何如：千生十是父母之物，百生十是兄弟之物，零生十是子孙之物也。

昔有人盛一盒，内藏鲤鱼三尾，密，令康节推之，得一千九百九十五数。断曰：内有金器，体圆而盛水，水中有鳞如龙，二雌一雄居焉。其人笑曰：鱼非龙也。开而视之，乃金盒盛鱼，僵死如龙蟠其中。遂大笑之。复问曰：何以知之？答曰：九是乾数，乾之体圆属金，故知其为金盒也。金能生水，重九为龙，故曰水中有鳞如龙也。

物之多寡

起数从物上起，亦依前例，于十上求之。以十二、三十演去，演到本物之数便住。

康节演物之数，其法从七起，至乾则住。

陈广谓康节曰：吾有米二囤，忘其数，子为我释之。

康节以食著，十余转，起之，谓元理曰：东囤七百四十九石二升七合。又十余转，曰：西囤六百七十九石八斗。后量东囤，不差一合；西囤六百七十九石七斗七升，内有大鼠一只，大如升也。

出师胜负

起数依争讼之法，先起我数为主，然后起彼数为客。

千为国主，百为大将，十为小将，零为军卒粮食。先观两将旺相，以看其孰为受制，孰为受生，孰为刑冲克害；次看零数，孰为有气，孰为无气，孰为生合，孰为克害。

如我克彼则我胜，彼克我则彼胜。将爻生合则将有投降之意；士卒生合则士卒有归降之意。千百来生十零，成功受赏；千百克十零，纵能成功，必得罪于上，而反受责。

四象之中，最要十零有气，不可逢困陷空缺。

谒　见

大凡出入参官见贵，须要数象克出生回，有贵禄喜赦鞍马，即便见贵，欢喜迎接交谈，事有如意。若逢逆克冲刑空缺及凶之类，不能会贵，事多反背。

百克十，上人不欲见；零克十，下人阻。百零空缺，恐不在家，纵在家，亦不出见。百零带贵马入局，见之有益。

人物贵贱

欲观人之贵贱，或观其气色，或用来意起卦，再加年月日时，合前共算若干，分为千百十零，以当年岁君为主，四位何位带贵及魁禄马入局，何位带困陷冲刑，数吉则贵，数凶则贱也。

人物和睦

以十为主，百零带贵禄入局，更与十相生相合者为和；若逢困陷与十相刑相克者为不和，心中奸险。百十相合无克，则弟兄和睦，六亲多义；千十相合，则受祖荫，父祖得力；十零相和，生孝子顺孙，聪明俊杰。十零相伤，子孙破荡，不克自立。如四位比和无克，则声德洪博，人皆推重。

观未来事

凡观来日之事，必于起意之时，看所闻所见者何物作卦，再加年月日时，共成一数。

有贵禄入局，则知来日有贵人或喜事，以卦象推之便知何喜也。如有困陷破耗相克，则知来日有不美事，亦以卦象推之便知何事也。

又看动静，分日期远近。以千百十零分作旦暮，每一位管三时，则吉凶皆可得而前知矣。

行　船

起数亦依前例。四位不可无水，水宜旺，须要土数制之；亦不宜有巽，有巽则风起。水衰则涩而难行。百零为梢仆，最忌困陷落空；百零带禄马贵魁生十，大利行船；十上带贵魁禄马克百零，尤为上吉。凡行船水旺无巽，则无波涛风浪之险。

进退奴仆

凡发意之时，或人来说事之际，加策亦依前例。

零带贵魁禄马入局，更与十爻相生相合者，则奴仆有情，始终安稳，无逃亡之患；零带困陷而克十者，则奴仆奸诈，终不贴心，始终更变；十零空缺，不可成。

求买田宅

其例如前。十零最要贵魁禄马入局。零生十，十克零，皆为吉；零克十，十生零皆不吉；若十零困陷缺耗，决不可成。买田以坤艮坎为田，震巽为稼穑；买宅以震巽为房屋，以坤艮为地基。最宜带贵魁禄马逢旺，不宜困陷逢衰。

饮食丰啬

以十为主。千百生十，人来请我；十生千百，我去请人。零数生十，饮食丰盛；零数克十，品味不多。欲知所食之味，以百零之卦断之。

刀砧煞

春亥刀子砧，夏巳刀午砧。秋寅刀卯砧，冬申刀酉砧。

大凡牛马数中见喜贵，克出生回，又逢生旺之星，则吉而长久。如逢空缺、血光、血刃、刀砧之属，不吉也。

八卦星象

乾太常　坤勾绞　震青龙　巽六合

艮贵人　离朱雀　坎元武　兑白虎

皇极起例

甲己子午九，乙庚丑未八，丙辛寅申七，

丁壬卯酉六，戊癸辰戌五，巳亥属之四。

纳音数

水一，火二，木三，金四，土五。

周天数三百六十五策。乾策二百一十六策。坤策一百四十四策。

后天八卦数

一坎，二坤，三震，四巽，五寄艮。

六乾，七兑，八艮，九离，十寄坤。

起大运[①]

阳辰年俱从生月起，男顺行，女逆行；

阴辰年俱从生月起，男逆行，女顺行。

起小运

男一岁丙寅，二岁丁卯，顺行；女一岁壬申，二岁辛未，逆行。俱一年一位。

推岁序休咎

先将当年立春月日时天干地支纳音，共算积得几策，阳辰年

① 与子平同。

加乾策，阴辰年加坤策，三因起数，除去周天，余下策用九除之，见真数，即成其卦，便知岁之丰凶。其卦用后天。

假如丁亥年正月十五日寅时立春，是丁亥土得十五策，壬寅金十七策，丙子水十七策，庚寅木十八策，通得六十七数，阴年加坤，共二百十一策，三因得六百三十三数，除周天，剩二百六十八，又以九除之，余下七数，乃得兑卦也。

乾　风调雨顺，国泰民安，兆民有庆。

坎　水涝为患，田禾少收，盗贼生发。

艮　雨旸顺叙，五谷丰登，民多瘟疫。

震　阳气复还，五谷无实，人民惊恐。

巽　风雨不时，暴伤田禾，五谷少收。

离　雨水不均，亢旱为害，人民少乐。

坤　春有时疫，秋多雨泽，六畜有伤。

兑　霜雪不时，田禾枯槁，兵革频兴。

买物损坏

先将初买年月日时为主，算得若干策，阳年加乾策，阴年加坤策，积数用九除去，不满除数，三因起，又十二除之，便知成败也。

假如戊子年三月十六日巳时买得一件物，是戊子年丙辰月庚子日辛巳时，各加纳音，共积得七十策，加上当年戊子岁君一十六策，阳年加乾策，通得三百二策，以用九除之，剩下三十二数，不满用九，三因得九十六策，又十二除之，见尽数，是当年碎也。

又将买时丙辰月土算十七策，从次月丁巳挨算至五月戊午火，积得一十六策，阳辰加乾策，总得二百四十九数，用九除去，余二十四策，三因得七十二数，又十二除之，见尽数，是此月破坏也。

又将庚子日本数二十二策，加上挨算至癸巳，得一十策，阳辰加乾策，共二百四十八数，用九除之，余二十三，不满除数，三因得六十九，又十二除之，剩九，是尽数矣。时依此，但辛巳阴辰，加坤策耳。

推人生死

人之生死要先知，先下人年月日时。
次加大山流年数，天干地支纳音推。
七数同皆并一位，每岁虚加一十七。
一万二千一十二，此数虚加在内推。
先除天数五十五，四十五除是尽期。
除之不满三因起，十二除之见绝期。
此数若要知生死，但从关隔数内推。
男忌二八女三七，遇着灾迍命已危。
零数岁干无去处，鬼根临命亦人危。
皇极剩一数生生，天地清宁万物亨。
男为利益增田产，女得灾迍孕妇忻。

男得此数，出入通达，所为称心，频增产业，光显门庭；女得此数，防失脱不宁，或面生疮疾，有孕者为吉。

皇极剩二祸方萌，举动那堪作美名。
一事才宁生一事，堤防缧绁祸相侵。

男得此数，灾祸重重，非官灾口舌，即病患疮疾；女人得此，亦有咳嗽痨喘之证，有孕者尤忌。

皇极剩三数最奇，声名远播喜临之。
男子超腾财利显，女人灾出又还移。

男得此数，纵居凶危，反化为吉，喜庆重重，为官者超迁，为士者显达，为商者获财遂意；女子得之，吉化为凶，主有风邪痨喘之证，腰背疼痛之灾，或可或否。

皇极剩四不为奇，祸福相兼各有时。
春冬作事成欢喜，秋夏谋为灾绊羁。

男得此数，春冬利益，求谋即遂，喜庆重重，夏秋防官非口舌，晦气耗财；女人亦主灾殃。

皇极剩五为鬼数，阴阳不可一同推。

官荣职显加权耀，黎庶逢之不当奇。

男得此数，为官者，大则升迁进禄，小则加权得宠，庶人防官讼损财；女人患病损胎。

皇极剩数怕逢六，动为蹇滞伤肢足。

堤防亲戚有乖离，小人暗算分财禄。

男得此数，防官灾口舌，或有手足分离，亦有盗贼暗中谋算；女子病患相缠，殊欠精神。

皇极除零嫌遇七，女人逢之不为吉。

丈夫得此喜事连，出入亨通无所逆。

男子得此，宜求谋进望，亦有弄璋之喜，女人疾病。相缠，或血光疮疾之恙。

皇极剩八要堤防，盗贼官灾并血光。

女人有孕生佳子，未嫁须婚绿鬓郎。

男得此数，有口舌官非，破财晦气不免。女人大利，生子进喜也。

皇极逢九名为独，老忌伤残少忌哭。

惟有僧道最为佳，得此必蒙天赐福。

男子得此，不问官民老少，皆主不吉，僧道得此为佳；女人主浮肿，或伤夫损子。

皇极遇十最乖离，少见峥嵘老见吁。

在外免灾在内有，绵绵灾患不须疑。

男子得此，少年见喜，老人有疾，出外可免；女人损胎患病。

数逢十一为之绝，男女逢之皆不悦。

试问天道事何如，呻吟卧病无休歇。

男女得此，皆主脉家受证，吐逆咳嗽痰喘之灾。

数逢十二名曰尽，男女值之疾病生。

纵使身强行运好，十人遇此九人凶。

此数十人九死，不死者生时必差。

起 例

假如壬子年壬寅月己巳日壬申时，大运丙午，小运乙巳，岁君辛卯，（七位各加纳音数），年四十岁。

用先天数，七位积得一百一十五策；却将本人年岁，每岁虚加一十七，如四十岁总得六百八十策，并前数共七百九十五策；再虚加一万三千一十二，通共一万三千八百零七数；除先天数五十五外，存一万三千七百五十二策；用四十五除之，余下二十七数，是不满四十五数了；将二十七数三因之，得八十一策；又用十二除之，余九数，其年凶险，命终（以上男女皆同）。

年数既尽，却将本人生月算得多少策，即将尽年从正月起，算得几策，以本人生月阳辰七乘之得多少策数，却四十五除之，不满四十五，三因除之，见数尽者，是此月尽也。

如本人生月是阴辰则八乘之，亦如前除去正月，不尽又算二月月建，二月未尽，又算三月月建，至尽数而止，余仿此。

假如乙丑年戊寅月乙未日戊寅时生人，阳辰月，算得当年戊子岁，以五虎元辰遁得乙卯月尽也。戊寅土算得一十七策，乙卯水算得一十五策，二柱共得三十二数，阳辰以七乘之，得二百二十四策，五九除之，外有四十四数，三因之得一百三十二，以十二除之，无余数也。

年数与月数俱尽，却以本人生日算得几策，又从尽月头起，逐日算去，如前法除之，见十二数，是此日尽也。

如前乙未日金算得二十策，二月二十二日丁丑水算得十五策，二柱共得三十五策，阴辰以八乘之，又四十五除之，不满，三因，十二除，是此日尽矣。

年月日数既尽，又将本人生时算得几策，却从尽日子时起，逐日算去，至尽数时。

如前戊寅时土算得一十七策，从子时算至癸卯金得十五策，二柱共得三十二策，阳辰以七乘之，得数二百二十四，五九除之，余四十四，三因得一百三十二，用十二除，是此时尽也。

此人定在戊子年乙卯月丁丑日癸卯时终。余仿此。

声音说

声音之说，自周人以六律六吕合天地阴阳之声，律居十干之阳爻，吕居十二支之阴位，一顺一逆，互合有伦，其轻清重浊，各有分辨，以属五声十二律者，尚矣。自秦而下，知者鲜焉。汉儒虽知而未尽其妙。独宋儒邵康节深得其旨，而以二百六十四字母，总括律吕声音之数。其内实用一百二十二字括声，即少刚太刚少阳太阳之用义也；一百五十二字括音，即少阴太阴少柔太柔之用数也。声与音互相翻切，各得一万七千二十四声音。声为韵，音为母；声分平上去入，音分唇舌齿牙喉；声别内外八转，音辨开发收闭，又分辟清翕浊，著为《皇极经世书》，分声音图十六位，每位书声与音二字。在左者十声，为天之阳；在右者十二音，为地之阴。声为今切字之韵，音为今切字之母，合位之二字切之，即得其位之声音。声为韵，故分平上去入；音为母，故分唇舌齿牙喉。以声唱音，即先韵而后母；以音和声，既先母而后韵。只是一同，但分先后之别耳，切字是以翻求字，此是以字寻翻，取用不同，合字之声音，初无以异也。有音则有地卦，有声则有天卦，天地二卦合成既济图卦，则数在其中矣。故伊川曰：“一辟一翕，而平上去入备；一唱一和，而开发收闭备。”夫平上去入备而万声生，开发收闭备而万音生，律随天而变，吕随地而化，开随阳而出，翕随阴而入，唱随刚而上，和随柔而下，然后律吕声音、宫商角征羽之道，各得其正，而皇极之蕴备矣。

分五音

欲知宫，舌居中：晓匣影喻是喉音。

欲知商，口开张：精清从心邪，齿头音；照穿床审禅，正齿音；来日，半舌半齿音。

欲知角，舌缩脚：见溪群疑是牙音。

欲知征，舌抵齿：端透定泥，舌头音；知彻澄娘，舌上音。

欲知羽，口撮聚：帮滂并明，重唇音；非敷奉微，轻唇音。

辨清浊

端见纯清与此知，精随照影及帮非。

次清十字审心晓，穿透滂敷清彻溪。

全浊群邪澄并匣，从禅定奉与床齐。

半清半浊微娘喻，疑日明来共入泥。

宫音属土，其声浊；商音属金，其声浊；角音属木，其声亦浊。征音属火，其声清；羽音属水，其声清。

明等第

端精二位两头居，知照中间次第呼。

来晓见帮居四等，日非三等外全无。

交互音

知照非敷递互通，泥娘穿彻用时同。

澄床疑喻相联续，六母交参一处穷。

检篇韵法

篇中类出韵中字，韵内分开篇内音。

见字求声篇内检，知声取字韵中寻。

声者，由于内八转、外八转之所，发而分宫商角征羽，皆人之气所别也，气无形故为阳，而属天之十六卦。音者，由于牙齿唇舌喉之所，发而分开发收闭，皆人之体所辨，体有质故为阴，而属地之十六卦。显然可分声与音之异者，声则韵也，音即翻字之母也。谓之天卦者，方图西北十六卦，以乾为主也；谓之地卦者，方图东南十六卦，以坤为主也。

皇极算万物

万物之变，各以声音之字。此法全用翻切字母调之。闻音，则以其母之近似者，调而合之，声与口之所调相合，则是其字。由是唇舌牙齿喉半，第几字则知地卦矣；以字而质之韵，则知天卦矣。故以声卦居左，音卦居右，将内三爻为贞，外三爻为悔，又横看，内合得何卦，外合得何卦，名为既济图卦；又看挂一图得何卦，方定吉凶，则数在其中，而祸福无毫厘走作也。

经会、经运、经世之等，各拟年月日时。经会则元为年，会为月，运为日，世为时；经运则会为年，运为月，世为日，年为时；经世则运为年，世为月，年为日，月为时也。

张氏未思四体如元会运世，以世为时，则世卦从四千三百二十年起；却欲以直运之卦，仿轨革之法，取阴后阳前，卦合十二支，分直一日之十二时，一年之十二月，一运之十二世；失正宗，难信用。盖以世拟时，则用三十年之世为一时；以年拟时，则用三百六十日为一时也；以月拟时，则用三百六十月为一时也。岂有阴阳两卦十二爻，直月直时之例哉？

元会运世岁月日时分秒十等，体河图天一地二至天九地十。康节著书至于观物篇，只言大四时而已，元会运世为年月日时是也。更有小四时。如以月为年，则两日半三十时为一月，每时三十分为一日，每分十二秒为一时。等而下，细分之至于一百六十七亿九千六百一十六万秒而止，细之又细，所以能极物之变，穷物之情，其妙处出于神仙之火候，未易言也。

经世之图，一年用四爻，分爻直春夏秋冬，变爻变卦，既合天地阴阳以为用矣，然于四时阴阳之序，有半叶而半不叶，则休戚又变焉，为易道无穷，惟变所适，至变穷而四时不叶，则无可变矣。故曰爻者时也，时之义妙矣哉。直世卦已变合序，不特论时，又须看世在何运，运在何会，上下四体，反复并观；运吉、世吉、年吉、月吉，为之太平之时；一有不同，又辨尊卑小大。尊固可庇卑，而卑有悖乎尊者；大固可统小，亦有小能敌大者。数之长短、位之称否、德之厚薄系焉，况又有人定胜天之理哉？

经会卦用运，经运卦用世，经世卦用年，皆以大小运之日卦为用。今为风角占、为式盘课，为阴阳推算者，皆以日为主，观物之数无以异于诸家，特致用之法则非以昼夜之日为日，所以极深研几，探幽索隐，大以用大，小以用小，厘然有序，非胶迹泥象也。

元会运世之卦，起日甲月仲；年月与时之卦，起甲己孟仲二数，不用甲己仲者，中朔同起也，用甲己孟者，中朔离起也，而皆藏闰。至于物数用日，则显闰矣。故大四象用三百六十，而生物用三百八十四，人在天地中，当闰余之数，知显闰而用三百八十四矣。

三百八十四者，散五日四分于二十四气之首，盖一气十五日两时五刻，自然踰一日，故气有十六日，二十四气，日各十六，故成三百八十四也。大丹火候，有年中补气之法，率皆类此。

挂一图二百五十六卦，一千五百三十六爻，每四爻管一年，则当三百八十四年。今每运三百六十年便周者，谓有三年之闰、五年之再闰也，故每十五年而虚四爻以当闰。

然则当闰之四爻，将不用乎？曰：当二十四气之初年，则用此当闰之爻，其年冬至后，则用正四爻。左传言归余于终，皇极乃存闰于初也。

元会运世，各列四序。如元之泰卦，元之元之元之元，得二万兆数；至世之世之世之世明夷，得八十一万之数。此特第一位之分数耳。其下各有三十小位，自甲一、寅一而起，见位数若干，因而乘之，方见真数。

若便据二百五十六卦之分数而用之，是天地人物止二百五十六等而已，非观物之蕴也？况人用分，物用秒，又有例义，不可一途而取执。

声音辨说

邵子之著《皇极经世》也，何取于声音之数哉？

盖物之生也，有气则有声，有声则有色，有色则有臭，有臭则有味。色臭味与声同出，不若声之为可以字别焉。因其可以字别也，谱之以为图，则有不胜其当辨者也，何则？略而言之不过曰声而已，详而言之则有声音之辨。

略而言之，不过曰声音而已；详而言之，则声有平上去入之辨，音有开发收闭之辨。平上去入四也，而各有两闭两翕之辨；开发收闭四也，而各有两清两浊之辨。声之有十也，而有行至于七则皆止之辨；音之有十二也，而有至五则止、至九则止、又有不至于十二则不止之辨。以数考之则有或多或寡之辨，以卦索之则有或纵或横之辨。故曰：谱之以图，则有不胜其当辨者矣。

夫略而言之不过曰声者，何也？盖声自无而出，当其无声则阴之谓也，及其有声则阳之谓也。既已有声矣，而犹略，可乎？一呼一吸，而阴阳分焉。吾是以有声音之辨。虽然，此犹略而言之也。

若乃详而言之，则声之平者属乾，而日日所变之声，未尝不为坤之唱也；音之开者属坤，而水水所化之音，未尝不为乾之和也；声之上者属兑，而月月所变之声，未尝不为艮之唱也；音之发者属艮，而火火所化之音，未尝不为兑之和也；声之去者属离，而星星所变之声，有不为坎之唱者乎？音之收者属坎，而土土所化之音，有不为离之和者乎？声之入者属震，而辰辰所变之声，有不为巽之唱者乎？音之闭者属巽，而石石所化之音，有不为震之和者乎？日月星辰各有四位，则平上去入分为两辟两翕，以当之矣。水火土石各有四位，则开发收闭分为两清两浊，以当之矣。

是故以上下层别之，日月星辰之一十六位每居于上，然其声之吕地则有时而居下也；水火土石之一十六位每居于下，然其音之律天则有时而居上矣。以左右行别之，水火土石之一十六字每居于右，不以律天之故而或居于左焉；日月星辰之一十六字每居于左，不以吕地之故而或居于右焉。上有时而居下，下有时而居上者，此其气之流通者乎？左无时而居右，右无时而居左者，此其质之凝定者乎？

其行至于七而止者，十干之用甲庚也，而日之七分可见也；其行至于五而止者，十二支用辰申也，而夜之七分亦可见矣；其行至于九而止者，十二支用寅戌也，而日之九分又可见矣；其不至于十二则不止者，火之用虚，至夜而动者，资焉，是火于一日之间，无间于十二时之数也。

今夫一十六位数之所由生也，循其右而数之其纵四位，循其上而数之其横三位，此自甲至庚之七也。日之七分不于是而可见乎？循其右而数之下退一位，循其上而数之左退一位，此自辰至申之五也。以上右之五为明数，则下左之七为暗数矣。夜之七分不于是而可见乎？循其右而数之，其横三位为界，隔者凡四，此自寅至戌之九也。日之九分不于是而又可见乎？循其上下左右而数之，其中四位，其外三四有十二位。虚中以为火，则外无不照矣；实外以为土，则中无不包矣。火土之十二宁不于是而又可见乎？数之或多或寡，其概如此，固亦有由然矣。抑图之多也，或至于三千八百四十而止，不其多乎？曰：多则信乎其多矣，不可以莫之统也。统之十六三十六，则有二百五十六位之阳图，必有二百五十六位之阴图。

是故日月星辰之所经，水火土石斯为之纬矣；水火土石之所经，日月星辰斯为之纬矣。乾兑离震之横也，自上而下，说者以为生动物；坤艮坎巽之纵也，自下而上，说者以为生植物。吾然后知植物之命在乎根，动物之命在乎首，命之理微又微矣。我乃因是而有以见之。

呜呼！声以律天，音以吕地，岂特单出杂比云乎哉？物之生，有万不同，而无不本于是者，惟人也。身备万物，可以自重而保其贵矣。不然则以物交物，鲜不为所掩而失之。是则君子之所忧，而学者之所当自省者也。

梅花心易阐微卷五

运之年卦[①]

每三百六十年，配以二十四气。每一气，一年各准四爻，共二百五十六卦，一千五百三十六爻，而卦变一周也。周而复始。

午会第十一运，甲子世，戊申年，夬卦，九五爻直事，乃洪武元年也，二千二百八十一乃甲子世。

小雪闰爻	损	六五爻，上九爻	节	初九爻，九二爻
	甲子	明洪武十七年		
	节	六三爻变需，六四爻变损		九五爻变履，上六变归妹
	乙丑			
	家人	初九变中孚，六二爻变观		九三爻变巽，六四变明夷
	丙寅			
	家人	九五爻变革，上九变既济	需	初九爻变屯，九二变既济
	丁卯			
	需	九三爻变蹇，六四变大畜		九五爻变乾，上六变大壮
	戊辰			
	大畜	初九爻变颐，九二爻变贲		九三爻变艮，六四爻变需
	己巳			
	大畜	六五变小畜，上九爻变泰	小畜	初九爻变益，九二变家人
	庚午			

① 诸卦变爻所变之卦，恐有错讹，姑从原本，未便擅改。

小畜 九三爻变渐，六四爻变泰　　九五爻变夬，上九爻变需
辛未
坤　初六爻变复，六二变明夷　　六三爻变谦，六四爻变观
壬申
坤　六五爻变比，上六爻变萃　　谦　初六变明夷，六二爻变复
癸酉
谦　九三爻变泰，六四爻变渐　　六五爻变蹇，上六爻变观
甲戌
渐　初六变家人，六二爻变益　　九三变小畜，六四爻变谦
乙亥
渐　九五爻变咸，上九爻变蹇　　艮　初六爻变贲，六二爻变颐
丙子
艮　九三变大畜，六四爻变蹇　　六五爻变渐，上九爻变谦
丁丑
离　初九爻变睽，六二爻变晋　　九三爻变鼎九四爻变贲
戊寅
离　六五变同人，上九爻变丰　　比　初六爻变屯，六二变既济
大雪闰爻 比　六三爻，六四爻　　九五爻，上六爻
己卯
蹇　初六变既济，六二爻变井　　九三爻变需，六四爻变艮
庚辰
蹇　九五爻变遯，上六变小过　　豫　初六爻变震六二爻变丰
辛巳洪武三十四年
豫　六三变小过，九四爻变坤　　六五爻变萃，上六爻变比
壬午建文末年
师　初六爻变临，九二爻变坤　　六三爻变井，六四爻变涣
癸未永乐元年
师　六五爻变坎，上六爻变困　　同人 初九爻变履，六二爻变否
甲申
同人 九三爻变姤九四变家人　　九五变既济，上九爻变革

乙酉

旅　初六爻变离，六二变噬嗑　　九三变大有，九四爻变艮

丙戌

旅　六五爻变遯，上九变小过　　屯　初九爻变需，六二爻变蹇

丁亥

屯　六三变既济，六四爻变颐　　九五变无妄，上六爻变震

戊子

观　初六爻变益，六二变家人　　六三爻变渐，六四爻变坤

己丑

观　九五爻变益，上九变家人　　震　初九爻变渐，六二爻变坤

庚寅

震　六三爻变丰，九四爻变复　　六五爻变随，上六爻变屯

辛卯

复　初九爻变泰，六二爻变谦　　六三变明夷，六四爻变益

壬辰

复　六五爻变屯，上六爻变随　　明夷　初九爻变临，六二爻变坤

癸巳

明夷　九三爻变升，六四变家人　　六五变既济，上六爻变革

乙丑世二千二百八十二

冬至闰爻　泰　初九爻，九二爻　　九三爻，六四爻

甲午永乐十二年

泰　六五爻变需，上六爻变夬　　损　初九爻变贲，九二爻变颐

乙未

损　六三变大畜六四爻变节　　六五变中孚，上九爻变临

丙申

大畜　初九爻变颐，九二爻变贲　　九三爻变艮，六四爻变需

丁酉

大畜　六五变小畜，上九爻变泰　　节　初九变既济，九二爻变屯

戊戌

节　六三爻变需，六四爻变损　　九五爻变履上六爻变泰

己亥

需　初九爻变屯，九二变既济　　九三爻变蹇，六四变大畜

庚子

需　九五爻变乾，上六变大壮　　中孚　初九变家人九二爻变益

辛丑

中孚　六三变小畜，六四阙　　九五爻变兑上九爻变节

壬寅

小畜　初九爻变益，九二变家人　　九三爻变渐，六四爻变泰

癸卯

小畜　九五爻变夬，上九爻变需　　归妹　上九爻变丰九二爻变震

甲辰

归妹　六三变大壮，九四爻变临　　六五爻变兑上六爻变节

乙巳洪熙元年

大壮　初九爻变震，九二爻变丰　　九三变小过，九四爻变泰

丙午宣德元年

大壮　六五爻变夬，上六爻变需　　睽　初九爻变离，九二变噬嗑

丁未

睽　六三变大有九四爻变损　　六五爻变履，上九变归妹

戊申

大有　初九变噬嗑，九二爻变离　　九三爻变履，九四变大畜

小寒闰爻　大有　六五爻，上九爻　　兑　初九爻，九二爻

己酉

兑　六三爻变夬，九四爻变节　　九五变中孚，上六爻变临

庚戌

夬　初九爻变随，九二爻变咸　　九三爻变革，九四爻变需

辛亥

夬　九五变小畜上六爻变泰　　履　初九变同人，九二变无妄

壬子

履　六三爻变乾，九四变中孚　　九五爻变节，上九爻变兑

癸丑

	乾	初九变无妄，九二变同人		九三爻变遯，九四变小畜
	甲寅			
	乾	九五变无妄，上九爻变夬	困	初六爻变兑，九二爻变萃
	乙卯			
	困	六三变大过，九四爻变坎		九五爻变涣，上六爻变师
	丙辰			
	咸	初六爻变革，六二爻变随		九三爻变夬，九四爻变蹇
	丁巳			
	咸	九五爻变渐，上六爻变谦	未济	初六爻变睽九二爻变晋
	戊午			
	未济	六三爻变鼎，九四爻变蒙		六五爻变讼，上九爻变解
	己未			
	旅	初六爻变离，六二变噬嗑		九三变大有，九四爻变艮
	庚申			
	旅	六五爻变屯，上九变小过	解	初六变归妹，九二爻变豫
	辛酉			
	解	六三爻变恒，九四爻变师		六五爻变困，上六爻变坎
	壬戌			
	小过	初六爻变丰，六二爻变震		九三变大壮，九四爻变谦
	癸亥			
	小过	六五爻变咸，上六爻变蹇	涣	初六变中孚，九二爻变观
	丙寅世二千二百八十三			
大寒闰爻	涣	六三爻，六四爻		九五爻，上九爻
	甲子正统九年			
	渐	初六变家人，六二爻变益		九三变小畜，六四爻变谦
	乙丑			
	渐	九五爻变咸上九爻变蹇	坎	初六爻变节，九二爻变比
	丙寅			
	坎	六三爻变井，六四爻变蒙		九五爻变讼，上六爻变解
	丁卯			

蹇　初六变既济，六二爻变屯　　九三爻变需，六四爻变艮

戊辰

蹇　九五爻变遯，上六变小过　　蒙　初六爻变损，九二爻变剥

己巳正统十四年

蒙　六三爻变蛊六四爻变坎　　六五爻变涣，上九爻变师

庚午景泰元年

艮　初六爻变贲，六二爻变颐　　九三变大畜，六四爻变蹇

辛未

艮　六五爻变渐，上九爻变谦　　师　初六爻变临，九二爻变坤

壬申

师　六三爻变升，六四爻变涣　　六五爻变坎，上六爻变困

癸酉

临　初九变明夷，九二爻变复　　六三爻变泰，六四变中孚

甲戌

临　六五爻变渐，上六爻变兑　　谦　初六变明夷，六二爻变复

乙亥

谦　九三爻变泰，六四爻变渐　　六五爻变蹇，上六爻变观

丙子景泰七年

坤　初六爻变复，六二变明夷　　六三爻变谦，六四爻变观

丁丑天顺元年

坤　六五爻变比，上六爻变革　　遯　初六变同人，六二变无妄

戊寅

遯　九三爻变否，九四爻变蹇　　九五爻变旅，上九爻咸

立春闰爻　晋　初六爻，六二爻　　六三爻，九四爻

己卯

晋　六五爻变否，上九爻变豫　　观　初六爻变益，六二变家人

庚辰

观　六三爻变渐，六四爻变坤　　九五爻变萃，上九爻变比

辛巳

比　初六爻变屯，六二变既济　　六三爻变蹇六四爻变剥

壬午

比　九五爻变否，上六爻变豫　剥　初六爻变颐，六二爻变贲

癸未

剥　六三爻变艮，六四爻变比　六五爻变观，上九爻变坤

甲申

巽　初六变小畜，九二爻变渐　九三变家人六四爻变升

乙酉成化元年

巽　九五变大过，上九爻变井　升　初六爻变泰九二爻变谦

丙戌

升　九三变明夷，六四爻变巽　六五爻变井，上六变大过

丁亥

否　初六变无妄，六二变同人　六三爻变遯，九四爻变观

戊子

否　九五爻变比，上六爻变萃　豫　初六爻变震，六二爻变丰

己丑

豫　六三变小过，九四爻变坤　六五爻变萃，上六爻变比

庚寅

井　初六爻变需，九二爻变蹇　九三变既济，六四爻变蛊

辛卯

井　九五爻变姤，上六爻变恒　丰　初九变归妹，六二爻变豫

壬辰

丰　九三爻变恒，九四变明夷　六五爻变革，上六变既济

癸巳

屯　初九爻变需，六二爻变蹇　六三变既济，六四爻变颐

丁卯世二千二百八十四

雨水闰爻　屯　九五爻，上六爻　革　初九爻，六二爻

甲午成化十年

革　九三变大过，九四变既济　九五变家人，上六变明夷

乙未

恒　初六变大壮，九二变小过　九三爻变丰，九四爻变升

丙申

恒　六五变六过，上六爻变升　　蛊　初六变大畜，九二爻变艮

丁酉

蛊　九三爻变贲，六四爻变井　　六五爻变巽，上九爻变升

戊戌

讼　初六爻变履，九二爻变否　　六三爻变姤，九四爻变涣

己亥

讼　九五爻变坎，上九爻变困　　益　初九变小畜，六二爻变渐

庚子

益　六三变家人，六四爻变复　　九五爻变随，上六爻变屯

辛丑

离　初九爻变睽，六二爻变晋　　九三爻变鼎，九四爻变贲

壬寅

离　六五变同人，上九爻变丰　　大过　初六爻变夬，九二爻变贲

癸卯

大过　九三爻变革，九四爻变井　　九五爻变巽上六爻变升

甲辰

姤　初六爻变乾，九二爻变遯　　九三变同人，九四爻变巽

乙巳

姤　九五爻变井，上九变大过　　随　初九爻变夬，六二爻变咸

丙午

随　六三爻变革，九四爻变屯　　九五爻变益，上六爻变复

丁未

家人　初九变中孚，六二爻变观　　九三爻变巽，六四变明夷

戊申弘治元年

家人　九五爻变革，上九变既济　　震　初九变大壮，六二变小过

惊蛰闰爻　震　六三爻，九四爻　　六五爻，上六爻

己酉

鼎　初六变大有，九二爻变旅　　九三爻变离，九四爻变蛊

庚戌

鼎	六五爻变姤，上九爻变恒	噬嗑	初九变大有，六二爻变旅
辛亥			
噬嗑	六三爻变离，九四爻变颐		六五变无妄，上九爻变震
壬子			
既济	初九爻变节，六二爻变比		九三爻变井，六四爻变贲
癸丑			
既济	九五变同人，上六爻变丰	颐	初九变大畜，六二爻变艮
甲寅			
颐	六三爻变贲，六四爻变屯		六五爻变益，上九爻变复
乙卯			
萃	初六爻变随，六二爻变革		六三爻变咸，九四爻变比
丙辰			
萃	九五爻变观，上六爻变坤	明夷	初九爻变临，六二爻变坤
丁巳			
明夷	九三爻变升，六四变家人		六五变既济，上六爻变革
戊午			
复	初九爻变泰，六二爻变谦		六三变明夷，六四爻变益
己未			
复	六五爻变屯，上六爻变随	同人	初九爻变履，六二爻变否
庚申			
同人	九三爻变讼，九四变明夷		九五变既济，上九变明夷
辛酉			
无妄	初九爻变乾，六二爻变遯		六三变同人，九四爻变益
壬戌			
无妄	九五爻变，屯上九阙	贲	初九爻变损，六二爻变剥
癸亥			
贲	九三爻变蛊，六四变既济		六五变家人，上九变明夷
戊辰世二千二百八十五			
春分闰爻 损	初九爻，九二爻		六三爻，六四爻
甲子弘治十七年			

损　六五变中孚，上九爻变临　　大畜　初九爻变颐，九二爻变贲

乙丑弘治十八年

大畜　九三爻变艮，六四爻变需　　六五变小畜，上九爻变泰

丙寅正德元年

节　初九变既济，九二爻变屯　　六三爻变需，六四爻变损

丁卯

节　九五爻变履，上六变归妹　　需　初九爻变屯，九二变既济

戊辰

需　九三爻变蹇，六四变大畜　　九五爻变乾，上六变大壮

己巳

中孚　初九变家人，九二爻变益　　六三变小畜，六四爻变临

庚午

中孚　九五爻变兑，上九爻变节　　小畜　初九爻变益，九二变家人

辛未

小畜　九三爻变渐，六四爻变泰　　九五爻变夬，上九爻变需

壬申

大壮　初九爻变震，九二爻变丰　　九三变小过，九四爻变泰

癸酉

大壮　六五爻变夬，上六爻变需　　睽　初九爻变离，九二变噬嗑

甲戌

睽　六三变大有，九四爻变损　　六五爻变履，上九变归妹

乙亥

大有　初九变噬嗑，九二爻变离　　九三爻变旅，九四变大畜

丙子

大有　六五爻变乾，上九变大壮　　兑　初九爻变革，九二爻变随

丁丑

兑　六三爻变夬，九四爻变节　　九五变中孚，上六爻变临

戊寅

夬　初九爻变随，九二爻变革　　九三爻变咸，九四爻变需

清明闰爻　夬　九五爻，上六爻　　履　初九爻，九二爻

己卯

履　六三爻变乾，九四变中孚　　九五爻变节，上九爻变兑

庚辰

乾　初九变无妄，九二变同人　　九三爻变遯，九四变小畜

辛巳

乾　九五变大有，上九爻变夬　　困　初六爻变兑，九二爻变萃

壬午嘉靖元年

困　六三变大过，九四爻变坎　　九五爻变涣，上六爻变师

癸未

咸　初六爻变革，六二爻变随　　九三爻变夬，九四爻变蹇

甲申

咸　九五爻变渐，上六爻变谦　　未济　初六爻变睽，九二爻变晋

乙酉

未济　六三爻变蒙，九四爻变鼎　　六五爻变讼，上九爻变解

丙戌

旅　初六爻变离，六二变噬嗑　　九三变大有，九四爻变艮

丁亥

旅　六五爻变遯，上九变小过　　解　初六变归妹，九二爻变豫

戊子

解　六三爻变恒，九四爻变师　　六五爻变艮，上六爻变坎

己丑

归妹　初九爻变丰，九二爻变震　　六三变大壮，九四爻变临

庚寅

归妹　六五爻变兑，上六爻变节　　涣　初六变中孚，九二爻变观

辛卯

涣　六三爻变巽，六四爻变师　　九五爻变困，上九爻变坎

壬辰

渐　初六变家人，六二爻变益　　九三变小畜，六四爻变谦

癸巳

渐　九五爻变咸，上九爻变蹇　　坎　初六爻变节，九二爻变比

己巳世二千二百八十六

谷雨闰爻 坎　六三爻，六四爻　　九五爻，上六爻

甲午

蹇　初六变既济，六二爻变屯　　九三爻变需，六四爻变艮

乙未

蹇　九五爻变遯，上六变小过　　蒙　初六爻变损，九二爻变剥

丙申

蒙　六三爻变蛊，六四爻变坎　　六五爻变涣，上九爻变师

丁酉

艮　初六爻变贲，六二爻变颐　　九三变大畜，六四爻变蹇

戊戌

艮　六五爻变渐，上九爻变谦　　师　初六爻变临，九二爻变坤

己亥

师　六三爻变升，六四爻变涣　　六五爻变坎，上六爻变困

庚子

泰　初九爻变复，九二变明夷　　九三爻变谦，六四变小畜

辛丑

泰　六五爻变需，上六爻变夬　　临　初九变明夷，九二爻变复

壬寅

临　六三爻变泰，六四变中孚　　六五爻变节，上六爻变兑

癸卯

谦　初六变明夷，六二爻变复　　九三爻变泰，六四爻变渐

甲辰

谦　六五爻变蹇，上六爻变咸　　小过　初六爻变丰，六二爻变震

乙巳

小过　九三变大壮，九四爻变谦　　六五爻变咸，上六爻变蹇

丙午

观　初六爻变益，六二变家人　　六三爻变渐，六四爻变坤

丁未

观　九五爻变萃，上九爻变比　　剥　初六爻变颐，六二爻变贲

戊申

剥　六三爻变艮，六四爻变比　　六五爻变观，上九爻变坤

立夏闰爻　蛊　初六爻，九二爻　　九三爻，六四爻

己酉

蛊　六五爻变巽上九爻变升　　井　初六爻变需，九二爻变蹇

庚戌

井　九三变既济，六四爻变蛊　　九五爻变姤，上六爻变恒

辛亥

屯　初九爻变需，六二爻变蹇　　六三变既济，六四爻变颐

壬子

屯　九五变无妄，上六爻变震　　遯　初六变同人，六二变无妄

癸丑

遯　九三爻变乾，九四爻变渐　　九五爻变蹇，上九爻变咸

甲寅

姤　初六爻变乾，九二爻变遯　　九三变同人，九四爻变巽

乙卯

姤　九五爻变井，上九变大过　　讼　初六爻变履，九二爻变否

丙辰

讼　六三爻变姤，九四爻变涣　　九五爻变坎，上九爻变困

丁巳

无妄　初九爻变乾，六二爻变遯　　六三变同人，九四爻变益

戊午

无妄　九五爻变屯，上九爻变随　　大过　初六爻变夬，九二爻变咸

己未

大过　九三爻变革，九四爻变井　　九五爻变巽，上六爻变升

庚申

豫　初六爻变震，六二爻变丰　　六三变小过，九四爻变坤

辛酉

豫　六五爻变萃，上六爻变比　　鼎　初六变大有，九二爻变旅

壬戌

鼎　九三爻变离，九四爻变蛊　　六五爻变姤，上九爻变恒
癸亥
比　初六爻变屯，六二变既济　　六三爻变蹇，六四爻变剥
庚午世二千二百八十七
小满闰爻 比　九五爻，上六爻　　巽　初六爻，九二爻
甲子
巽　九三变家人，六四爻变升　　九五变大过，上九爻变井
乙丑
坤　初六爻变复，六二变明夷　　六三爻变谦，六四爻变观
丙寅
坤　六五爻变比，上六爻变萃　　升　初六爻变泰，九二爻变谦
丁卯隆庆元年
升　九三变明夷，六四爻变巽　　六五爻变井，上六变大过
戊辰
萃　初六爻变随，六二爻变革　　六三爻变咸，九四爻变比
己巳
萃　九五爻变观，上六爻变坤　　随　初九爻变夬，六二爻变咸
庚午
随　六三爻变革，九四爻变屯　　九五爻变益，上六爻变复
辛未
晋　初六变噬嗑，六二爻变离　　六三爻变旅，九四爻变剥
壬申
晋　六五爻变否，上九爻变豫　　噬嗑 初九变大有，六二爻变旅
癸酉
噬嗑 六三爻变离，九四爻变颐　　六五变无妄，上九爻变震
甲戌
否　初六变无妄，六二变同人　　六三爻变遯，九四爻变观
乙亥
否　九五爻变比，上九爻变萃　　离　初九爻变睽，六二爻变晋
丙子

	离	九三爻变鼎，九四爻变贲		六五变同人，上九爻变丰
	丁丑			
	革	初九爻变兑，六二爻变萃		九三变大过，九四变既济
	戊寅			
	革	九五变家人，上六变明夷	颐	初九变大畜，六二爻变艮
芒种闰爻	颐	六三爻，六四爻		六五爻，上九爻
	己卯			
	复	初九爻变泰，六二爻变谦		六三变明夷，六四爻变益
	庚辰			
	复	六五爻变屯，上六爻变随	恒	初六变大壮，九二变小过
	辛巳			
	恒	九三爻变丰，九四爻变升		六五变大过，上六爻变井
	壬午			
	丰	初九变归妹，六二爻变豫		九三爻变恒，九四变明夷
	癸未			
	丰	六五爻变革，上六变既济	震	初九变大壮，六二变小过
	甲申			
	震	六三爻变丰，九四爻变复		六五爻变随，上六爻变屯
	乙酉			
	家人	初九变中孚，六二爻变观		九三爻变巽，六四变明夷
	丙戌			
	家人	九五爻变革，上九变既济	益	初九变小畜，六二爻变渐
	丁亥			
	益	六三变家人，六四爻变复		九五爻变随，上九爻变屯
	戊子			
	既济	初九爻变节，六二爻变比		九三爻变井，六四爻变贲
	己丑			
	既济	九五变同人，上六爻变丰	贲	初九爻变损，六二爻变剥
	庚寅			
	贲	九三爻变蛊，六四变既济		六五变家人，上九变明夷

辛卯

明夷 初九爻变临，六二爻变坤　　九三爻变升，六四变家人

壬辰

明夷 六五变既济，上六爻变革　　同人 初九爻变履，六二爻变否

癸巳

同人 九三爻变姤，九四变家人　　九五变既济，上九爻变萃

辛未世二千二百八十八

夏至闰爻 大畜 初九爻，九二爻　　九三爻，六四爻

甲午

大畜 六五变小畜，上九爻变泰　　节 初九变既济，九二爻变屯

乙未

节 六三爻变需，六四爻变损　　九五爻变履，上六变归妹

丙申

需 初九爻变屯，九二变既济　　九三爻变蹇，六四变大畜

丁酉

需 九五爻变坤，上六变大壮　　中孚 初九变家人，九二爻变益

戊戌

中孚 六三变小畜，六四爻变临　　九五爻变兑，上九爻变节

己亥

小畜 初九爻变益，九二变家人　　九三爻变渐，六四爻变泰

庚子

小畜 九五爻变夬，上九爻变需　　归妹 初九爻变丰，九二爻变震

辛丑

归妹 六三变大壮，九四爻变临　　六五爻变兑，上六爻变节

壬寅

睽 初九爻变离，九二变噬嗑　　六三变大有，九四爻变损

癸卯

睽 六五爻变履，上九变归妹　　大有 初九变噬嗑，九二爻变履

甲辰

大有 九三阙，九四变大畜　　六五爻变乾，上九变大壮

	乙巳			
	兑	初九爻变革，九二爻变随		六三爻变夬，九四爻变节
	丙午			
	兑	九五变中孚，上六爻变临	夬	初九爻变随，九二爻变革
	丁未			
	夬	九三爻变咸，九四爻变需		九五变小畜，上六爻变泰
	戊申			
	履	初九变同人，九二变无妄		六三爻变乾，九四变中孚
小暑闰爻	履	九五爻，上九爻	乾	初九爻，九二爻
	己酉			
	乾	九三爻变遯，九四变小畜		九五爻变需，上九爻变夬
	庚戌			
	困	初六爻变兑，九二爻变萃		六三变大过，九四爻变坎
	辛亥			
	困	九五爻变涣，上六爻变师	未济	初六爻变睽，九二爻变晋
	壬子			
	未济	六三爻变鼎，九四变家人		六五爻变讼，上九爻变解
	癸丑			
	解	初六变既济，九二爻变豫		六三爻变恒，九四爻变师
	甲寅			
	解	六五爻变困，上六爻变坎	大壮	初九爻变震，九二爻变丰
	乙卯			
	大壮	九三变小过，九四爻变泰		六五爻变夬，上六爻变需
	丙辰			
	恒	初六变大壮，九二变小过		九三爻变丰，九四爻变升
	丁巳			
	恒	六五变大过，上六爻变井	鼎	初六变大有，九二爻变旅
	戊午			
	鼎	九三爻变离，九四爻变蛊		六五爻变姤，上九爻变恒
	己未			

大过　初六爻变夬，九二爻变咸　　九三爻变巽，九四爻变井

庚申泰昌元年

大过　九五爻变巽上六爻变升　　讼　初六爻变履九二爻变否

辛酉天启元年

讼　六三爻变姤，九四爻变涣　　九五爻变坎，上九爻变困

壬戌

姤　初六爻变乾，九二爻变遯　　九三变同人，九四爻变巽

癸亥

姤　九五爻变井，上九变大过　　随　初九爻变夬，六二爻变咸

壬申世二千二百八十九

大暑闰爻　随　六三爻，九四爻　　九五爻，上六爻

甲子

旅　初六爻变离，六二变噬嗑　　九三变大有，九四爻变艮

乙丑

旅　六五爻变遯，上九变小过　　噬嗑　初九变大有，六二爻变旅

丙寅

噬嗑　六三爻变离，九四爻变颐　　六五变无妄，上九爻变震

丁卯

小过　初六爻变丰，六二爻变震　　九三变大壮，九四爻变谦

戊辰崇祯元年

小过　六五爻变咸，上六爻变蹇　　震　初九变大壮，六二变小过

己巳

震　六三爻变丰，九四爻变复　　六五爻变随，上六爻变屯

庚午

涣　初六变中孚，九二爻变观　　六三爻变巽，六四爻变师

辛未

涣　九五爻变困，上九爻变坎　　巽　初六变小畜，九二爻变渐

壬申

巽　九三变家人，六四爻变升　　九五变大过，上九爻变井

癸酉

益　初九变小畜，六二爻变渐　　六三变家人，六四爻变复

甲戌

益　九五爻变随，上九爻变屯　井　初六爻变需，九二爻变蹇

乙亥

井　九三变既济，六四爻变蛊　　九五爻变姤，上六爻变恒

丙子

屯　初九爻变需，六二爻变蹇　　六三变既济，六四爻变颐

丁丑

屯　九五变无妄，上六爻变震　坎　初六爻变节，九二爻变比

戊寅

坎　六三爻变井，六四爻变蒙　　九五爻变讼，上六爻变解

立秋闰爻　渐　初六爻，六二爻　　九三爻，六四爻

己卯

渐　九五爻变咸，上九爻变蹇　晋　初六变噬嗑，六二爻变离

庚辰

晋　六三爻变旅，九四爻变剥　　六五爻变否，上九爻变豫

辛巳

萃　初六爻变随六二爻变革　　六三爻变咸九四爻变比

壬午

萃　九五爻变观，上六爻变坤　泰　初九爻变复，九二变明夷

癸未

泰　九三爻变谦，六四变小畜　　六五爻变需，上六爻变夬

甲申

蹇　初六变既济，六二爻变屯　　九三爻变需，六四爻变艮

乙酉

蹇　九五爻变屯，上六变小过　豫　初六爻变震，六二爻变丰

丙戌

豫　六三变小过，九四爻变坤　　六五爻变萃，上六爻变比

丁亥

遯　初六变同人，六二变无妄　　九三爻变乾，九四爻变渐

戊子

遯　九五爻变蹇，上九爻变咸　　咸　初六爻变革，六二爻变随

己丑

咸　九三爻变夬，九四爻变蹇　　　九五爻变渐，上六爻变谦

庚寅

师　初六爻变临，九二爻变坤　　　六三爻变升，六四爻变涣

辛卯

师　六五爻变坎，上六爻变困　　艮　初六爻变贲，六二爻变颐

壬辰

艮　九三变大畜，六四爻变蹇　　　六五爻变渐，上九爻变谦

癸巳

剥　初六爻变颐，六二爻变贲　　　六三爻变艮，六四爻变比

癸酉世二千二百九十

处暑闰爻 剥　六五爻，上九爻　　观　初六爻，六二爻

甲午

观　六三爻变渐，六四爻变坤　　　九五爻变萃，上九爻变比

乙未

无妄　初九爻变乾，六二爻变遯　　　六三变同人，九四爻变益

丙申

无妄　九五爻变屯，上九爻变随　　离　初九爻变睽，六二爻变晋

丁酉

离　九三爻变鼎，九四爻变贲　　　六五变同人，上九爻变丰

戊戌

丰　初九变归妹，六二爻变豫　　　九三爻变恒，九四变明夷

己亥

丰　六五爻变萃，上六变既济　　复　初九爻变泰，六二爻变谦

庚子

复　六三变明夷，六四爻变益　　　六五爻变屯，上六爻变随

辛丑

蛊　初六变大畜，九二爻变艮　　　九三爻变贲，六四爻变井

	壬寅			
	蛊	六五爻变巽，上九爻变升	革	初九爻变兑六二爻变萃
	癸卯			
	革	九三变大过，九四变既济		九五变家人，上六变明夷
	甲辰			
	家人	初九变中孚，六二爻变观		九三爻变巽，六四变明夷
	乙巳			
	家人	九五爻变革，上九变既济	否	初六变无妄，六二变同人
	丙午			
	否	六三爻变遯，九四爻变观		九五爻变比，上九爻变萃
	丁未			
	比	初六爻变屯，六二变既济		六三爻变蹇，六四爻变剥
	戊申			
	比	九五爻变否，上六爻变豫	升	初六爻变泰，九二爻变谦
白露闰爻	升	九三爻，六四爻		六五爻，上六爻
	己酉			
	颐	初九变大畜，六二爻变艮		六三爻变贲，六四爻变屯
	庚戌			
	颐	六五爻变益，上九爻变复	贲	初九爻变损，六二爻变剥
	辛亥			
	贲	九三爻变蛊，六四变既济		六五变家人，上九变明夷
	壬子			
	蒙	初六爻变损，九二爻变剥		六三爻变蛊，六四爻变坎
	癸丑			
	蒙	六五爻变涣，上九爻变师	谦	初六变明夷，六二爻变复
	甲寅			
	谦	九三爻变泰，六四爻变渐		六五爻变蹇，上六爻变咸
	乙卯			
	坤	初六爻变复，六二变明夷		六三爻变谦，六四爻变观
	丙辰			

坤 六五爻变比，上六爻变萃　同人 初九爻变履，六二爻变否
丁巳
同人 九三爻变姤，九四变家人　九五变既济，上九爻变革
戊午
明夷 初九爻变临，六二爻变坤　九三爻变升，六四变家人
己未
明夷 六五变既济，上六爻变革　临 初九变明夷，九二爻变复
庚申
临 六三爻变泰，六四变中孚　六五爻变节，上六爻变兑
辛酉
损 初九爻变贲，九二爻变颐　六三变大畜，六四爻变节
壬戌
损 六五变中孚，上九爻变临　既济 初九爻变节，六二爻变比
癸亥
既济 九三爻变井，六四爻变贲　九五变同人，上六爻变丰
甲戌世二千二百九十一

秋分闰爻 升 初六爻，九二爻　九三爻，六四爻
甲子
升 六五爻变井，上六变大过　蒙 初六爻变损，九二爻变剥
乙丑
蒙 六三爻变蛊，六四爻变坎　六五爻变涣，上九爻变师
丙寅
蛊 初六变大畜，九二爻变艮　九三爻变贲，六四爻变井
丁卯
蛊 六五爻变巽，上九爻变升　井 初六爻变需，九二爻变蹇
戊辰
井 九三变既济，六四爻变蛊　九五爻变姤，上六爻变恒
己巳
坎 初六爻变节，九二爻变比　六三爻变井，六四爻变蒙
庚午

	坎	九五爻变讼，上六爻变解	巽	初六变小畜，九二爻变渐
	辛未			
	巽	九三变家人，六四爻变升		九五变大过，上九爻变井
	壬申			
	涣	初六变中孚，九二爻变观		六三爻变巽，六四爻变需
	癸酉			
	涣	九五爻变困，上九爻变坎	解	初六变归妹，九二爻变豫
	甲戌			
	解	六三爻变恒，九四爻变师		六五爻变困，上六爻变坎
	乙亥			
	恒	初六变大壮，九二变小过		九三爻变丰，九四爻变升
	丙子			
	恒	六五变大过，上六爻变井	未济	初六爻变睽，九二爻变晋
	丁丑			
	未济	六三爻变鼎，九四爻变蒙		六五爻变讼，上九爻变解
	戊寅			
	鼎	初六变大有，九二爻变旅		九三爻变离，九四爻变蛊
寒露闰爻	鼎	六五爻，上九爻	困	初六爻，九二爻
	己卯			
	困	六三变大过，九四爻变坎		九五爻变涣，上六爻变师
	庚辰			
	大过	初六爻变夬，九二爻变咸		九三爻变革，九四爻变井
	辛巳			
	大过	九五爻变巽，上六爻变升	姤	初六爻变乾，九二爻变遯
	壬午			
	姤	九三变同人，九四爻变巽		九五爻变井，上九变大过
	癸未			
	讼	初六爻变履，九二爻变否		六三爻变姤，九四爻变涣
	甲申			
	讼	九五爻变坎，上九爻变困	随	初九爻变夬，六二爻变咸

乙酉

随　六三爻变革，九四爻变屯　九五爻变益，上六爻变复

丙戌

兑　初九爻变革，九二爻变随　六三爻变夬，九四爻变节

丁亥

兑　九五变中孚，上六爻变临　乾　初九变无妄，九二变同人

戊子

乾　九三爻变遯，九四变小过　九五爻变需，上九爻变夬

己丑

萃　初六爻变随，六二爻变革　六三爻变咸，九四爻变比

庚寅

萃　九五爻变观，上六爻变坤　噬嗑　初九变大有，六二爻变旅

辛卯

噬嗑　六三爻变离，九四爻变颐　六五变无妄，上九爻变震

壬辰

夬　初九爻变随，九二爻变革　九三爻变咸，九四爻变需

癸巳

夬　九五变小畜，上六爻变泰　否　初六变无妄，六二变同人

乙亥世二千二百九十二

霜降闰爻　否　六三爻，九四爻　九五爻，上九爻

甲午

无妄　初九爻变乾，六二爻变遯　六三变同人，九四爻变益

乙未

无妄　九五爻变屯，上九爻变随　睽　初九爻变离，九二变噬嗑

丙申

睽　六三变大有，九四爻变损　六五爻变临，上九变归妹

丁酉

咸　初六爻变革，六二爻变损　九三爻变夬，九四爻变蹇

戊戌

咸　九五爻变艮，上六爻变谦　革　初九变同人，六二爻变艮

	己亥			
	革	九三变大过，九四变既济		九五变家人，上六变明夷
	庚子			
	遯	初六变同人，六二变无妄		九三阙，九四阙
	辛丑			
	遯	九五爻变蹇，上九爻变咸	大有	初九变噬嗑，九二爻变离
	壬寅			
	大有	九三爻变旅，九四变大畜		六五爻变乾，上九变大壮
	癸卯			
	履	初九变同人，九二变无妄		六三爻变乾，九四变中孚
	甲辰			
	履	九五爻变节，上九爻变兑	泰	初九爻变复，九二变明夷
	乙巳			
	泰	九三爻变谦，六四变小畜		六五爻变需，上六爻变夬
	丙午			
	剥	初六爻变颐，六二爻变贲		六三爻变艮，六四爻变比
	丁未			
	剥	六五爻变观，上九爻变坤	颐	初九变大畜，六二爻变艮
	戊申			
	颐	六三爻变贲，六四爻变屯		六五爻变益，上九爻变复
立冬闰爻	益	初九爻，六二爻		六三爻，六四爻
	己酉			
	益	九五爻变随，上九爻变屯	丰	初九变归妹，六二爻变豫
	庚戌			
	丰	九三爻变恒，九四变明夷		六五爻变革，上六变既济
	辛亥			
	归妹	初九爻变丰，九二爻变震		六三变大过，九四爻变临
	壬子			
	归妹	六五爻变兑，上六爻变节	大壮	初九爻变震，九二爻变丰
	癸丑			

大壮 九三变小过，九四爻变泰 六五爻变夬，上六爻变需

甲寅

小过 初六爻变丰，六二爻变震 九三变大壮，九四爻变谦

乙卯

小过 六五爻变咸，上六爻变蹇 临 初九变明夷，九二爻变复

丙辰

临 六三爻变泰，六四变中孚 六五爻变节，上六爻变兑

丁巳

贲 初九爻变损，六二爻变剥 九三爻变蛊，六四变既济

戊午

贲 六五变家人，上九爻变益 中孚 初九变小畜，九二爻变临

己未

中孚 六三变小畜，六四爻变临 九五爻变兑，上九爻变节

庚申

既济 初九爻变节，六二爻变比 九三爻变井，六四爻变贲

辛酉

既济 九五变同人，上六爻变丰 晋 初六变噬嗑，六二爻变离

壬戌

晋 六三爻变旅，九四爻变剥 六五爻变否，上九爻变豫

癸亥

损 初九爻变贲，九二爻变颐 六三变大畜，六四爻变节

梅花心易阐微卷六

小 序

经世之数，四象互变，遂成十六位，四而四也。位虽有十六，然考其所以不同，只有七数而已。故物分七等，人分七品自一至兆而极。兆人圣君，亿人贤君也，万人方面立功之人也，千人牧尹也，百人有德与富人也，十人有才智之人也，一人凡民也。然虽自兆而积之，尚有京、垓、秭以至于载极，凡十六等，共九十七变之数，而天下所常用也，至兆而止矣。故皇极莫多于大运之分数，而止于二万八千二百一十一兆九百九十万七千四百五十六亿。康节外篇所言十六变之数，亦止于二万八千兆。今衍天地人之六十四卦，至无极之数者，为兆之也。然则兆物之兆，为人则物为至微矣。若以人视圣，圣人为兆人之人也，巍巍乎！

人物统于太极图之上下

震 兆人 兆物 當一人一物 世之世	嗑 億人 億物 當十人十物 世之運	隨 萬人 萬物 當百人百物 世之會	安 千人 千物 當千人千物 世之元	世之世 千千 震 一千八百六十六萬二千四百	運之世 百千 嗑 一百五十五萬五千二百	會之世 十千 隨 五萬一千八百四十	元之世 一千 妄 四千三百二十
豐 億人 億物 當十人十物 運之世	離 萬人 萬物 當百人百物 運之運	革 千人 千物 當千人千物 運之會	同 百人 百物 當萬人萬物 運之元	世之運 千百 豐 一百五十五萬五千二百	運之運 百百 離 十二萬九千六百	會之運 十百 革 四千三百二十	元之運 一百 同 三百六十
妹 萬人 萬物 當百人百物 會之世	睽 十人 十物 當千人千物 會之運	兌 百人 百物 當萬人萬物 會之會	履 十人 十物 當億人億物 會之元	世之會 千十 妹 五萬一千八百四十	運之會 百十 睽 四千三百二十	會之會 十十 兌 四百十四	元之會 一十 履 十二
壯 千人 千物 當千人千物 元之世	有 百人 百物 當百人百物 元之運	夬 十人 十物 當億人億物 元之會	乾 一人 一物 當兆人兆物 元之元	世之元 千一 壯 四千三百二十	運之元 百一 有 三百六十	會之元 十一 夬 十二	元之元 一 乾 一

既济卦皆以尊居左，卑居右。如运与会则运为尊，会与世则会为尊也。位置矣，看左卦，有是地卦者，变为天，如坤变乾、巽变震是也；又看右卦，有是天卦者，变为地，如震变巽、离变坎是也。各变合天地之位了，乃横之，方合既济图。植物卦亦然。

用元经会之运卦，未有世卦、年卦，何以配合？只看其时，若在内卦之初二三爻，则变其所在之爻，看其爻与卦阴阳得位，方是合得之卦，便以卦之名义、时候推断之；若在外卦之四五六爻亦然。如舜之时，亦是一百八十运，坤卦，而世当二千一百五十八，以三百六十除之，得第六会中第一十二运中二十九世也。

运卦在同人九五爻，是阳位得阳爻，叶矣；乃变外卦乾为坤，而卦与爻皆不叶；再变六五为坎，则爻叶而与下卦离为水火既济；地在上，而天在下，有交通之理，不复变卦矣。

其卦在明夷之初二三爻，初爻以阳居阳位；乃内卦离为坎，初爻不叶；又变下爻为兑，是地泽临，即爻卦皆叶；于是以此临卦而运卦既济。以既济在左，坎非天卦，不叶，变为临；离卦在右，亦非地卦，乃变内卦之兑为艮作谦；将离与谦合，横取其悔得晋，又横取其内卦得旅；以晋旅入挂一图，得晋卦。晋，明出地上，非舜陟帝位之盛时乎？此举变卦之例，与入挂一之例也。

汉高祖入关之年，共算二千二百二十八世。卦得蛊之初六爻变为颐，卦爻皆当，变纯阳为随卦以居左；是年甲午，卦得大畜之五六爻，变为小畜，卦爻皆当，变纯阴为观；世卦为随，入会之世之元，世得既济之卦。通数二亿八千五百六十万三千九百八十八，分数一万二千五百九十七亿一千二百万，无剩数。以会之分十三亿九千九百六十八万，除之九百，阴阳相合而成物，折九百而半之得四百五十，乃汉代享年之祚也。于内除闰，每十九而除一，并余分亦除一，合减二十四年，即两汉之岁数四百二十六年也。

明朝开基之运卦，是睽之六五爻，不叶；变离为乾，与下卦兑皆是天卦，又不叶；则变兑为艮，得天山遯。君子以远小人，不恶而严，非遣诸将就国以定大业之事乎？至于会之世卦是困，当五爻直事，九五爻叶；而变艮卦，不叶；又变六五为巽，得风水涣卦，内外体皆地卦，卦不叶；又变涣为丰，以位置于左，而运之岁卦得临“正月登大宝”，是初爻直事；爻虽叶，合变兑而为艮，则初爻不叶；又变艮为离，爻叶矣，是天火同人，皆天卦非地卦也；而再变内外卦为师，以位置于左，从而横观之二卦，上体为豫，下体为未济，以质之既济图，豫未是挂一卦是既济也。尧舜授受，大小运皆是既济，所以明朝之盛比隆前代也。

又如癸酉，运得十，月得一百四十四，日得五千零七十，时得八千六百四十，爻得三百八十四，共得一万四千二百四十八，为本身数，乃一岁之数也。十岁一十四万二千四百八十，百岁一百四十二万四千八百，千岁一千四百二十四万八千，得寿三百五十岁。

如癸未年、十二月、乙丑二十一日、戊辰时生。本年十二月初七日午时交小寒，节后初八日午时数至二十日午时，为十三日；于是日午时数至二十一日辰时，为零十时，共一百六十六时。

日卦系一年为元，一年有三百六十日，看是何日。如乙丑系在癸未年小寒后十三日零十时，于卦气图上系得运之时之会之元，乃剥卦之四爻，此乃爻当卦不当也；上卦动变为火地晋，卦当爻不当也；四变终不当位，变纯阳为火天大有，居左。

时卦以一月为元，一月为三百六十时。小寒后十三日零十时，共一百六十六时；从世之元数至一百六十六时，系得元之世之会之运，乃火风鼎之四爻，卦当爻不当；变山风蛊，爻当卦不当；四变终不当位，变纯阴卦仍为蛊卦，居右。乃百人之上，当万民卿监刺牧也。

蛊，会之世。大有，运之元。

挂一卦得大有，二亿九千九百三十一万一千九百七十六数。

寿限分数，十五万一千一百六十五亿四千四百万。

皇极人数，百二十为元，

以秘数除外，余九千三百二十九万六千分，

再以分数除外，余三百三十六万六千四百分，

再以时数除外，余二十五万六千分，

再以月数除外，余一千一百二十分，

将一千一百二十分内，十九除一当闰，合除六十四数，实得一千五十六，平分之，当有七十八岁寿。

丙戌年，辛卯月，己丑日，庚辰时。

二月十七日辰时生，二月十四日巳时惊蛰入节，三日零一时。

月卦屯，六五四，三变，震入天卦。

日卦震，六五四，三变，井入地卦。

白露睽六三后第十一卦。

地卦井，天卦震。运之世之世之世，胎卦乾。

甲巳孟，初气用上体，变泰卦上六爻。

卦气　泰卦上六爻辞：城复于隍，勿用师，自邑告命。贞吝。

分数　九百七十二万亿。

真数　一万二千四百四十二亿。

余数　一千二百四十四万一千六百。

起本身数

年三，

月十三，

日一千一百一十，

时二万一千六百，

爻六十四。

本身数，二万二千七百九十，

为一岁之数，

十岁，二十二万七千九百，

百岁，二百二十七万九千，

百二十岁，二百七十三万四千八百，

得寿七十五岁。

声音入既济四象并挂一卦总括阳图

元之元之○之○

元之元	元之會	元之運	元之世
元之元否否泰 水水音八八坤 日日聲一一乾	元之會否遯需 水火音八七謙 日日聲一一乾	元之運否訟大壮 水土音八六師 日日聲一一乾	元之世否姤夬 水石音八五升 日日聲一一乾
會之元遯否損 火水音七八剝 日日聲一一乾	會之會遯遯咸 火火音七七艮 日日聲一一乾	會之運遯訟旅 火土音七六蒙 日日聲一一乾	會之世遯姤遯 火石音七五蠱 日日聲一一乾
運之元訟否渙 土水音六八比 日日聲一一乾	運之會訟遯漸 土火音六七蹇 日日聲一一乾	運之運訟訟訟 土土音六六坎 日日聲一一乾	運之世訟姤否 土石音六五井 日日聲一一乾
世之元姤否節 石水音五八觀 日日聲一一乾	世之會姤遯歸妹 石火音五七漸 日日聲一一乾	世之運姤訟否 石土音五六渙 日日聲一一乾	世之世姤姤困 石石音五五巽 日日聲一一乾

此乃既济乾一位阳图，尚有西北卦十五图，每图皆十六位，可以类推。写元之元之元之会之类于上者，大四象也；十六位中，写元之元会之会之类，小四象也。日月星辰之声者，天卦百十二声也；水火土石之音者，地卦百五十二之音也。书一二三四五六七八而书卦于下者，天地之卦也；书于旁者，既济卦也；斜书者，挂一卦也。

声音入既济四象并挂一卦总括阴图

歲之歲之○之○

水水音一一坤	日日聲八八乾	歲之歲泰泰否	水水音一一坤	日月聲八七履	歲之月泰臨谷	水水音一一坤	日星聲八六同	歲之日泰明夷觀	水水音一一坤	日辰聲八五妄	歲之時泰復剝
水水音一一坤	月日聲七八夬	月之歲臨泰兌	水水音一一坤	月月聲七七兌	月之月臨臨過	水水音一一坤	月星聲七六革	月之日臨明夷蹇	水水音一一坤	月辰聲七五隨	月之時臨復謙
水水音一一坤	星日聲六八有	日之歲明夷泰交	水水音一一坤	星月聲六七睽	日之月明夷臨豫	水水音一一坤	星星聲六六離	日之日明夷明夷比	水水音一一坤	星辰聲六五嗑	日之時明夷復坤
水水音一一坤	辰日聲五八壯	時之歲復泰履	水水音一一坤	辰月聲五七妹	時之月復臨漸	水水音一一坤	辰星聲五六豐	時之日復明夷艮	水水音一一坤	辰辰聲五五震	時之時復復比

此乃既济坤一位阴图，尚有东南卦十五图，每图皆十六位，可以类推。

后天参伍错综之例

水火既济卦，四爻动乃上卦动也，以动因十，以卦因零。

若夫既济卦，三阴三阳，卦用少阴，四八三十二数，又以四因之得一百二十八，每阳爻一百二十八，三阳爻共三百八十四；阴又用少阳数七，以四因之，得二十八，又以四因之得一百一十二，每阴爻一百一十二，三阴爻共三百三十六；通三阳三阴，总七百二十。先下本身六爻，一个七百二十数；上卦动因十，四爻动四数，因四十个七百二十，共二万八千八百；上卦因零，上卦一数，因一个七百二十；连本身七百二十共三万零二百四十，乃一卦之策，参伍之数也。

又加错综之数，动四、坎一、离九；一十四数。连前一卦参伍之数，共该三万零二百五十四数，乃成卦。

如二爻动，乃下卦动也。以卦因十，以动因零，共该六万六千九百七十二策，乃成卦。

代筮法：用木，旋如大弹者，三九共六方，三方三数，三方二数。每一掷成爻，六掷成卦，以代十八变之策法最妙。木用雷惊木或檀香亦可。

卜易变通论

如震为龙，饮食得之，以类推鱼可也；冬天得之，无雷撼风掀物可也。占时别坐卧行立，坐主迟，卧则事寝，立则将行，行则应急。又有缓急之异，如一爻动事已经营，二爻动事已决而将动，三爻动见诸行事，四爻行之至急，五爻行事已成，六爻动之过矣。若私意起而反惑，有不行之义也。难以悉陈，要在触类。故曰正占旁应，不可少也。

事应迟速例

元会运世迟速之应，以先天之干支数定之。甲己子午九，乾；乙庚丑未八，巽；丙辛寅申七，离；丁壬卯酉六，坎；戊癸辰戌五，艮坤；巳亥运行四，兑。又曰：申酉亦是四，兑；寅卯是三，震；巳午为二，离；亥子为一，坎；丑未作五，艮坤。

假如元是二千，属火，火旺巳午，应在巳午年；会九百，属乾金，金旺申酉，应在七八月；运七十，亦是火，丙辛寅申七，应在丙申丙寅日；世是六，应丁酉丁卯时。看生数宜求旺日，看死数照甲己子午九起。顺知来，逆知往，迟速之机决矣。

又如：问卜人说卯时，元策得三八，本年应之；说酉时，会策四九，本月应之；子时，运策一六，本日应之；午时，世策二七，实时应之。

要别生旺休囚之机，及策中所藏神杀性刚性柔，方极验也。

八卦内伏干支刑合等例

乾亥，坤申，震卯，艮寅，坎子，巽巳，离午，兑酉。又艮埋辰戌、坤寄丑未。如千为艮，十为巽，寅刑巳也；会为巽，世为坤，巳刑申也。坎年离月，子午冲也。震日卯时，并也。子日见艮，子丑合；寅日得乾，寅亥合。申见坎艮，乃申子辰合；亥见震坤，乃亥卯未合。刑冲为凶，合和者吉。

凶　杀

天罗　地网　破碎杀（器物忌之）　死亡　败绝

长生例

长生　沐浴　冠带　临官　帝旺

衰　病　死　墓　绝　胎　养

金生在巳，木生在亥，火生在寅，水土生在申，取三合头是也。

日与卦合

丑日坎合，子日艮合，寅卯日乾合，辰日兑合，

午日坤合，未日离合，申酉日巽合，戌日震合，亥日艮合。

天禄

乾（壬申），兑（丁），离（己），震（庚）

巽（辛），坎（戊），艮（丙），坤（乙癸）

地禄

乾（戌亥），兑（酉），离（午），震（卯）

巽（辰巳），坎（子），艮（丑寅），坤（未申）

天赦

春戊寅，夏甲午，秋戊申，冬甲子

时方吉凶

	甲子	乙丑	丙寅	丁卯	戊辰	己巳	庚午	辛未	壬申	癸酉	甲戌	乙亥	丙子	丁丑	戊寅	己卯
子 離	罡魁		吉孤	迹滅	敗凶	吉	碎破	敗凶	吉	害禍	敗凶	吉	敗魁	亡敗	苦孤	迹滅
丑 兌	絕墓	罡		苦孤	害禍	吉	吉	碎破	絕墓	絕墓	迹滅	禍凶	吉	罡魁	敗凶	苦孤
寅 兌	吉	敗凶	罡	禍凶	殺凶	害禍	吉	吉	碎破	吉	亡敗	害禍	亡敗	吉	罡魁	吉
卯 巽	迹滅		敗凶	罡	吉	苦孤	吉	吉	敗凶	碎破	吉	亡敗	迹滅	禍凶	吉	罡魁
辰 震	敗大	害禍	禍凶	禍凶	罡	吉	迹滅	害禍	吉	吉	碎破	絕墓	亡敗	害禍	禍凶	吉
巳 震	吉	亡敗	迹滅	吉	敗凶	罡	吉	殺凶	害禍	吉	吉	碎破	禍凶	亡敗	迹滅	敗凶
午 坎	碎破		亡敗	害禍	殺凶	吉	罡魁	吉	吉	迹滅	禍凶	吉	碎破	殺凶	亡敗	害禍
未 乾	絕墓	碎破		亡敗	迹滅	害禍	吉	罡	絕墓	苦孤	害禍	敗凶	吉	碎破	碎破	亡敗
申 乾	吉	敗凶	碎破	殺凶	殺凶	迹滅	殺凶	吉	罡	吉	吉	苦孤	亡空	亡空	碎破	亡敗
酉 艮	害禍	凶禍	亡敗	凶	吉	亡敗	迹滅	吉	害凶	罡	亡空	禍天	害禍	失散	亡空	碎破
戌 坤	獨孤	迹滅	亡空	亡敗	亡敗	殺凶		迹滅	亡空	亡空	罡	苦孤	苦孤	迹滅	敗凶	害禍
亥 坤	房空	害禍	害禍	害禍	亡空	碎破	亡敗	亡敗	迹滅	失散	吉	罡	殺凶	苦孤	害禍	殺凶

干支	注	1	2	3	4	5	6	7	8	9	10	11
庚辰	吉	害禍	苦孤	敗凶	罡魁	禍凶	吉	迹滅	亡敗	亡空	碎破	殺凶
辛巳	敗凶	絕墓	迹滅	苦孤	吉	罡	殺凶	害凶	害禍	亡敗	吉	殺凶
壬午	碎破	敗凶	吉	害禍	敗凶	吉	罡	害凶	亡空	迹滅	亡散	
癸未	吉	碎破	敗凶	吉	害禍	苦孤	亡空	罡	禍凶	吉	迹滅	
甲申	闕原本											
乙酉	害禍	失散	禍吉	碎破	凶	吉	迹滅	苦孤	吉	罡	罡	吉
丙戌	吉	迹滅	禍散	敗凶	碎破	吉	亡空	亡散	迹滅	苦孤	吉	罡
丁亥	凶	吉	害	亡	吉	碎破	亡空	亡散	迹滅	苦孤	吉	罡
戊子	罡	吉	碎	迹滅	亡敗	吉	碎破	亡空	吉	[illegible]	苦孤	吉
己丑	吉	罡	吉	凶	苦孤	亡敗	亡空	碎破	吉	禍凶	迹滅	苦孤
庚寅	吉	凶	罡	吉	害禍	迹滅	吉	亡空	碎破	害禍	害災	苦孤
辛卯	害禍	苦孤	凶	罡	吉	亡空	迹滅	亡敗	害禍	碎破	吉	凶
壬辰	凶	害禍	苦孤	害災	罡	吉	亡空	迹滅	害禍	殺凶	碎破	吉
癸巳	碎破	凶	迹滅	苦孤	殃災	罡	亡空	亡散	凶禍	亡空	害禍	碎破
甲午	吉	碎破	殺凶	吉	禍	亡空	罡	吉	吉	迹滅	亡散	吉
乙未	碎破	殺凶	凶	吉	迹滅	苦孤	吉	罡	敗凶	吉	害禍	亡散
丙申	亡散	吉	碎破	凶	亡空	害禍	刑孤	吉	罡	凶	亡空	迹滅
丁酉	敗凶	亡散	敗凶	碎破	空天	禍天	迹滅	刑孤	禍凶	罡	殺凶	吉
戊戌	敗凶	亡敗	亡散	吉	碎破	亡空	殺凶	吉	刑孤	禍凶	罡	害禍
己亥	吉	凶	禍	凶	害禍	碎破	吉	敗凶	亡空	刑孤	吉	罡
庚子	罡魁	吉	吉	迹滅	亡敗	亡空	碎破	吉	吉	禍	刑孤	吉
辛丑	吉	罡	吉	吉	害禍	亡敗	吉	敗凶	吉	吉	迹滅	刑孤
壬寅	刑孤	凶	罡	刑孤	絕墓	迹滅	亡敗	吉	碎破	殃	吉	害禍
癸卯	迹滅	刑孤	吉	禍	亡空	亡敗	害禍	敗禍	吉	碎破	吉	吉
甲辰	凶	禍天	刑孤	失散	罡	吉	凶	迹滅	亡敗	亡散	碎破	吉
乙巳	吉	凶	迹滅	吉	禍	罡	吉	亡散	害禍	敗凶	殺凶	碎破
丙午	碎破	吉	亡空	亡散	刑孤	凶	罡	吉	禍凶	迹滅	敗凶	殺凶

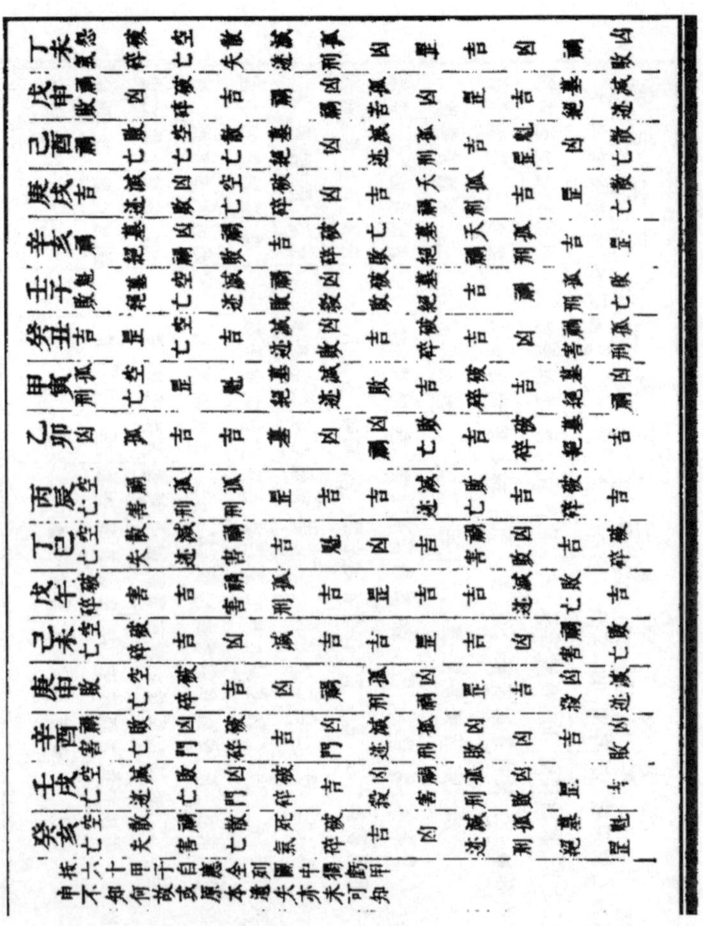

丁未 氣怨	碎衰	亡空	失散	逆滅	刑衰	凶	星	吉	凶	禍	敗凶
戊申 敗禍	凶	碎破	吉	禍	禍凶	吉衰	凶	星	吉	絕墓	逆滅
己酉 禍	亡敗	亡空	亡散	絕墓	凶	逆衰	刑衰	吉	星魁	凶	亡散
庚戌 吉	逆衰	敗凶	亡空	碎破	凶	吉	禍天	刑衰	吉	星	亡散
辛亥 禍	絕墓	禍凶	敗禍	吉	碎破	敗亡	絕墓	禍天	刑衰	吉	星
壬子 敗鬼	絕墓	亡空	逆滅	敗禍	殺凶	敗破	絕墓	吉	禍	刑衰	亡敗
癸丑 吉	星	亡空	吉	逆滅	敗凶	吉	碎破	吉	凶	害禍	刑衰
甲寅 刑衰	亡空	星	魁	絕墓	逆滅	敗	吉	碎破	吉	絕墓	禍凶
乙卯 凶	衰	吉	吉	墓	凶	禍凶	亡敗	吉	碎破	絕墓	吉
丙辰 亡空	害禍	刑衰	刑衰	星	吉	吉	逆滅	亡敗	吉	碎破	吉
丁巳 亡空	失散	逆滅	害禍	吉	魁	凶	吉	害禍	敗凶	吉	碎破
戊午 碎破	害	吉	害禍	刑衰	吉	星	吉	吉	逆滅	亡敗	吉
己未 亡空	碎破	吉	凶	滅	吉	吉	星	吉	凶	害禍	亡敗
庚申 敗	亡空	碎破	吉	凶	禍	刑衰	禍凶	星	吉	殺凶	逆滅
辛酉 害禍	亡敗	門凶	碎破	吉	門凶	逆滅	刑衰	敗凶	凶	吉	敗凶
壬戌 亡空	逆滅	亡敗	門凶	碎破	吉	殺凶	害禍	刑衰	敗凶	星	土
癸亥 亡空	失散	害禍	亡散	氣死	碎破	吉	凶	逆滅	刑衰	絕墓	星魁

枝六十甲干自處全到歸中得爵甲
中不知何故或原本遺失亦未可知

十应灵枢篇

凡卦以体为内，用为外者，常也。以十应之妙为外者，变也。内卦不吉而外吉，可以解其凶，内卦吉而外不吉，有以破其吉矣。内外吉为全美。外卦十应之目，详于左。成卦之时，随其所应断之。

天霁晴明乾也，乾兑为体成比和，坎体则逢生，坤艮泄气，震巽受克；晴霁日中离也，坤艮体吉，乾兑体受克。雨雪坎也，雷震、风巽也，阴云坤、雾气艮也，星月兑也。克体者，天时不顺；生体者，天意有待。此天时之应。

茂林修竹为震巽，离体利焉，坤艮忌之；江泽川津溪涧为坎，震巽体吉，而离体凶。窑灶为离，山石之地、砖瓦之所为艮，公廨为乾，败墙破壁为兑。生体则吉，克则凶。此地理之应。

老人乾、老妇坤之类，与卦体生克断之。至于人事，如问财见钱宝，占功名见文书，婚姻见圆物鱼雁之类。此人事之应。

月令日值，五行衰旺之气。如木旺寅卯月日，火旺巳午月日。体卦忌日辰刑克，宜日辰生，乘旺气。此时令之应。

以来占之人方位，与卦体有无生克。如火从南来，则气旺，北来则衰。生体卦气宜乘旺方，克体卦气宜在受克之方，则吉。此方卦之应。

乾马坤牛之类，以卦参之，看其生克。其不论卦象者，鸦报灾，鹊言喜，鸿雁主音信，蛇蝎防毒害，鸡鸣主佳音，马嘶主丧服之类。此动物之应。

器物有类卦象者，与体卦有无生克合刑。其不分卦象者，器物圆者事成，缺者事败。又详何器物，如笔墨主文书，袍笏主官职，尊俎之具主贵集，枷锁之具防官灾。此静物之应。

言语不论卦象，但详其事绪，而为占卜之应，闻吉则吉，凶则凶。若丛人闹市，难以推断。坐听人少之处，审其所言何事，心领而意会之。如说朝廷可求名，说商贾货财可以谋利，讲鬼神医巫主疾病，论州县江湖主出行，争讼主官非，喜庆主婚姻。事虽不一，仿此而推。此言语之应。

以声音论卦象。雷声震，风声巽，雨声坎；若鼓板搥拍之声，出于木者，皆为震巽；钟磬铃钹之声，皆出于乾兑。看与体卦生克何如。其余悲喜歌怒，各以类应。若物之鸦鹊分吉凶，雁鸡主远信，此声音之应。

五色不论卦象，以所见之色推五行。青碧绿为木，白金黑水黄土红火，与内卦生克何如，此五色之应。

策策看元会日辰，有扶我扶彼之异；数数要分生克冲合，或吉或凶之殊。更加变通，触类伸之。

万汇生而争端起。秉阴阳之正者，为之君师；治剧剖冗，偏阳则过刚，偏阴则过柔。

邵子曰：通天地人者，儒也。易者，其吾心之天地圣贤乎？显于上，为君为相，生灵之幸也，不幸则贤人抱之。

夫太极者，气之理；数者，气之用。理不离乎用，数因气而有。具天地阴阳之理者，易也；所以体天地阴阳之理，变易以从道者，心也。心不静则无以得易。自一生万，虽天地亦有成毁之数可推；自万归一，天地虽有成毁，我腾而上，将何坏？

故易者，性命之书，造化之元机。

文王十二月卦气图

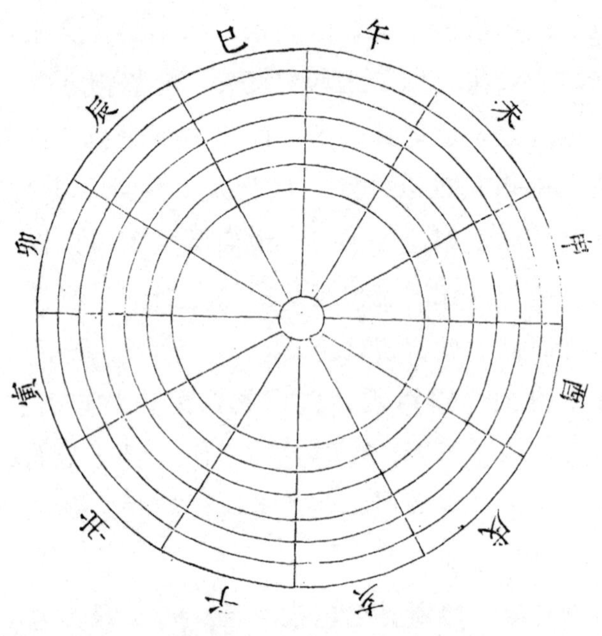

阴阳消长，如环无端，卦画之生如此，卦气之运亦如此。

十二月，三十六旬，分之则七十二候；十二卦，三十六阳，分之则七十二画。纵而数之，阳与阴皆自一而六。横数之阳六，其六合之为三十六，又见阳一阴二，三十六阳贯乎三十六阴之中。

阳气运行于天地，息于复，盈于乾，消于姤，虚于坤。消息盈虚，易与天地准，故能弥纶天地之道。

二十四气卦图

二十四气卦

兑			震		
老阴	大雪	十一月节	老阴	芒种	五月节
老阳	小雪	十月中	少阴	小满	四月中
少阴	立冬	十月节	少阳	立夏	四月节
少阴	霜降	九月中	少阴	谷雨	三月中
少阴	寒露	九月节	老阴	清明	三月节
少阳	秋分	八月中	老阳	春分	二月中

离			坎		
少阳	白露	八月节	老阴	惊蛰	二月节
少阴	处暑	七月中	老阳	雨水	正月中
少阳	立秋	七月节	太阴	立春	正月节
老阳	大暑	六月中	少阴	大寒	十二月中
老阴	小暑	六月节	少阳	小寒	十二月节
老阳	夏至	五月中	少阴	冬至	十一月中

震坎兑离四卦全，冬至为首子当先，
一气一爻传四卦，二十四气一周还。

七十二候

子月復 少陰 老陰 冬至 老陰 少陰 大雪少陽
丑月臨 少陰 老陰 大寒 老陰 老陽 小寒少陽
寅月泰 一 一 雨水 少陽 老陽 立春少陽
卯月大壯 一 一 春分 一 一 驚蟄
辰月夬 一 一 穀雨 一 一 清明
巳月乾☰ 小滿☰ 立夏 午月姤☰ 夏至☰ 芒種
未月遯☰ 大暑☰ 小暑 申月否☰ 處暑☰ 立秋
酉月觀☰ 秋分☰ 白露 戌月剝☰ 霜降☰ 寒露
亥月坤☷ 小雪☷ 立冬
老陰老陽少陰少陽之爻同前巳上十二月卦初
爻爲元士二爻大夫三爻三公四爻諸侯五爻天
子上六爻宗廟
共七十二候
初候陽二候陰三候陽四候陰五候陽六候陰周而
復始

月卦
睽 謙 屯外 小寒 屯內 復 中孚 冬至
益 蒙 小過外 立春 小過內 臨 升 大寒
晉 隨 需外 驚蟄 需內 泰 漸 雨水
蠱 訟 豫外 清明 豫內 大壯 解 春分
比 師 旅外 立夏 旅內 夬 革 穀雨
井 家人 大有外 芒種 大有內 乾 小畜 小滿
渙 豐 鼎外 小暑 鼎內 姤 咸 夏至
同人 節 恒外 立秋 恒內 遯 履 大暑
大畜 萃 巽外 白露 巽內 否 損 處暑
明夷 无妄 歸妹外 寒露 歸妹內 觀 賁 秋分
噬嗑 既濟 艮外 立冬 艮內 剝 困 霜降

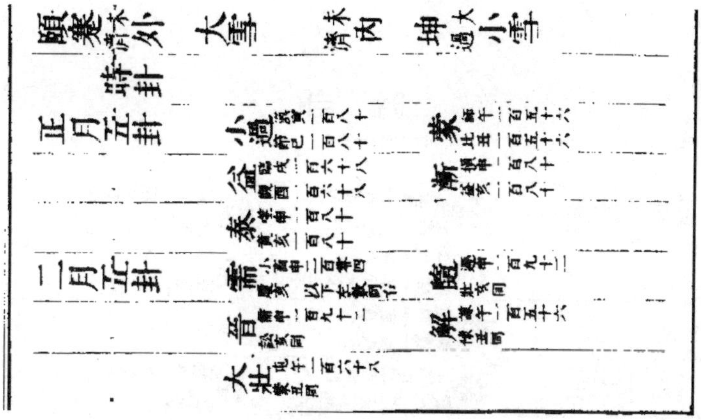

颐蹇未济外	大雪	未济内	坤大过小雪
十二月卦			
正月五卦	小过 一百八十 一百八十		蒙 一百五十六 一百五十六
	益 一百六十八 一百六十八		渐 一百八十 一百八十
	泰 一百八十 一百八十		
二月五卦	需 二百零四 以下左数同行		随 一百九十二
	晋 一百九十二		解 一百五十六
	大壮 一百六十八		

老阴、老阳、少阴、少阳之爻，同前。已上十二月卦，初爻为元士，二爻大夫，三爻三公，四爻诸侯，五爻天子，六爻宗庙。

求七十二候

初候阳，二候阴，三候阳，四候阴，五候阳，六候阴，周而复始。

日卦

睽谦屯外	小寒	屯内	复中孚冬至
益蒙小过外	立春	小过内	临升大寒
晋随需外	惊蛰	需内	泰渐雨水
蛊讼豫外	清明	豫内	大壮解春分
比师旅外	立夏	旅内	夬革谷雨
井家人大有外	芒种	大有内	乾小畜小满
涣丰鼎外	小暑	鼎内	姤咸夏至
同人节恒外	立秋	恒内	遯履大暑
大畜萃巽外	白露	巽内	否损处暑
明夷无妄归妹外	寒露	归妹内	观贲秋分
噬嗑既济艮外	立冬	艮内	剥困霜降
颐蹇未济外	大雪	未济内	坤大过小雪

时卦

正月五卦

小過 咸寅一百八十 節巳一百八十
益 臨戌一百六十八 觀酉一百六十八
泰 噬申一百八十 賁亥一百八十
蒙 師午一百五十六 比丑一百五十六
漸 損申一百八十 益亥一百八十

二月五卦

需 小畜申二百零四 履亥 以下左數同右
晉 需申一百九十二 訟亥同
大壯 屯午一百六十八 蒙丑同
隨 遯申一百九十二 壯亥同
解 謙午一百五十六 豫丑同

三月五卦

豫 咸午一百八十 恒丑同
蠱 晉戌一百六十八 睽酉同
夬 噬子一百八十 賁未同
訟 萃戌一百八十 否酉同
革 遯子一百九十二 壯未同

四月五卦

旅 困寅一百八十 井巳同
比 謙寅一百五十六 豫巳同
乾 乾子二百一十六 坤未一百四十四
師 同人子二百零四 大有未同
小畜 隨辰一百八十 蠱卯同

五月五卦

大有 頤寅一百六十八 大過巳一百九十二
井 咸戌一百八十 恒酉同
姤 剝寅一百五十六 復巳同
家人 小畜子二百零四 履未同
咸 旱子一百九十二 小過未一百六十八

六月五卦

鼎 晉寅一百六十八 睽巳同
渙 漸申一百八十 妹亥同
遯 乾辰二百一十六 坤卯一百四十四
豐 萃子一百六十八 升未同
履 臨午一百六十八 觀丑同

七月五卦

恆 既寅一百八十 未巳同
同人 无妄子一百九十二 大畜未同
否 剝戌一百五十六 復酉同
節 豐戌一百八十 旅酉同
損 隨申一百八十 蠱亥同

月	卦	注	卦	注
八月五卦	巽	井辰一百九十二　渙卯同	萃	无妄辰一百九十二　大畜卯一百六十八
	大畜	賁寅一百六十八　艮巳同	賁	夬午二百零四　姤丑同
九月五卦	觀	蹇寅一百六十八　解巳同		
	歸妹	未戌二百零四　姤酉同	无妄	革子一百九十二　巽未同
	明夷	師戌一百五十六　止酉同	困	坤申一百七十二　蠱亥同
	剝	萃申一百六十八　升亥同		
十月五卦	艮	蹇午一百六十八　解丑同	既濟	中孚辰一百九十二　小過卯一百六十八
	噬嗑	損辰一百八十　益卯同	大過	蹇午一百八十　旅丑同
	坤	屯寅一百六十八　蒙申同		
十一月五卦	未濟	既午一百八十　未丑同	蹇	同人辰二百零四　大有卯同
	頤	濟辰一百八十　損卯同	中孚	巽子一百九十二　兌未同
	復	困戌一百八十　井酉同		
十二月五卦	屯	當辰一百九十二　益卯同	謙	坎辰一百六十八　離卯一百九十二
	睽	恭寅一百八十　否巳同	升	噬午一百六十八　大過丑一百九十二
	臨	家子一百九十二　睽未同		

十二月卦，分之一月，五卦三十六爻，每一爻管一日零一刻四十五秒六十二毫半，日下两卦为时卦用之，阳时用阳卦，阴时用阴卦。外有坎震离兑四卦，二十四气用之，故日卦内不用。巳上四卦，当以各人生日生月，得节之日为始，数至各人所生之日为主。

当天开于子，殆自子至午，积六万八千三百六十二年，到乙酉岁，元至正五年。上考往古，每年减一算，下考未来，每年加一算。

八卦十六变

一世、二世、三世、四世、五世、六游魂、七外界、八内界、九归魂、十绝命、十一血脉、十二肌肉、十三骨骸、十四棺椁、十五冢墓、十六本体。

乾十六变，姤、遯、否、观、剥、晋、旅、鼎、大有、离、噬嗑、颐、益、无妄、同人、本体。

坤十六变，复临泰大壮夬，需节屯，比坎井，大过恒升师本体。

震十六变，豫、解、恒、升、井、大过、困、萃、随、兑、夬、需、泰、大壮、归妹、本体。

巽十六变，小畜、家人、益、无妄、噬嗑、颐、贲、大畜、蛊、艮、剥、晋、否、观、渐、本体。

坎十六变，节、屯、既济、革、丰、明夷、复、临、师、坤、谦、小过、咸、蹇、比、本体。

艮十六变，贲大畜损睽履中孚小畜家人渐巽涣讼未济，蒙蛊本体。

离十六变，旅、鼎、未济、蒙、涣、讼、姤、遯、同人、乾、复、中孚、损、睽、大有、本体。

兑十六变，困、萃、咸、蹇、谦、小过、豫、解、归妹、震、丰、明夷、既济、革、随、本体。

序号	一	二	三	四	五	六	七	八	九	十	十一	十二	十三	十四	十五	十六
十六变	世	世	世	世	世	游魂	外界	内界	归魂	绝命	血脉	肌肉	骨骸	棺椁	冢墓	本体
乾变	逅	遁	否	观	剥	晋	旅	鼎	大有	离	噬嗑	颐	益	无妄	同人	本体
坤变	复	临	泰	大壮	夬	需	节	屯	比	坎	井	大过	恒	升	师	本体
震变	豫	解	恒	升	井	大过	困	萃	随	兑	夬	需	泰	大壮	归妹	本体
巽变	小畜	家人	益	妄	噬嗑	颐	贲	大畜	蛊	艮	剥	晋	否	观	渐	本体
坎变	节	屯	既济	革	丰	明夷	复	临	师	坤	谦	小过	咸	蹇	比	本体
艮变	贲	大畜	损	睽	履	中孚	小畜	家人	渐	巽	涣	讼	未济	蒙	蛊	本体
离变	旅	鼎	未济	蒙	涣	讼	姤	遯	同人	乾	复	中孚	损	睽	大有	本体
兑变	困	萃	咸	蹇	谦	小过	豫	解	归妹	震	丰	明夷	既济	革	随	本体

八卦配象

乾	需	大畜	大壮	小畜	大有	泰	夬
坎	讼	蒙	解	涣	未济	师	困
艮	遯	蹇	小过	渐	旅	谦	咸
震	无妄	屯	颐	益	噬嗑	复	随
巽	姤	井	蛊	恒	鼎	升	大过
离	同人	既济	贲	丰	家人	明夷	革
坤	否	比	剥	豫	观	晋	萃
兑	履	节	损	归妹	中孚	睽	临

方六十四卦，一年当一卦。

李淳风曰：伏羲始画八卦，自上元甲子太始之初，十一月甲子朔冬至，起乾卦；至唐贞观十二年戊戌岁，一百九十三万七千二百五十五年，当蛊卦直事；又二十六年，至麟德九年甲子岁，天正十一月甲子朔日冬至，复得乾卦直事，而作《麟德历》也。

乾变上为兑，天泽溥济下民，春为德泽及人，夏为甘泽利物，秋成物，冬寒苦，金水命人吉，火凶。变中为离，日丽中天，春融和，夏酷炎，秋成物，冬暖，五音平，土命人吉。变下为风，风行天上，宜顺时而出，春和气，夏收云，秋敛物，冬清凉，木火水命人吉。

坤变上为艮，自卑而高，宜积小成大，春夏长养万物，秋秀实，冬退藏，土命人吉。变中为坎，浮陷涝地也，宜临深戒意，春夏阳浮虚陷，秋土实，冬化生，水人发旺，金沈木漂，火炽土陷。变下为震，雷出地中，显达也，春分后荣显，秋平冬隐，华五音皆平。

震变上为离，云雷收，日光见，夏秋日炽，水木宜之。变中为兑，雷雨交施，德泽及人，春夏秋吉，水木土宜之。变下为坤，雷入地，宜敛身，五音皆平。

巽变上为坎，风行水上生文也，宜守静观变，春风解冻，夏涸坎，秋激浪烹舟，冬结冰能涣凶事。变中为艮，风入山林，君子握麾持节，常人宜守，春风草偃，夏林茂，秋寒落，冬枯枝，木少吉。变下为乾，徐风扫汉也，宜坐享清泰，春暖夏飙秋爽冬温，五音平。

坎变上为巽，海角生风也，宜渐进，春夏滋物，秋结果实，冬结霜寒，水木吉。变中为坤，水入寒地石也，宜韬光，春夏旱，秋冬合理，金得养，木滋培，水阻滞，逆决而流。变下为兑，地底生寒，困塞也，春夏润泽，秋盈坎放海，冬冷，金水吉。

离变上为震，云常蔽光，暧昧也，暗中寻明，春雷启蛰，夏动而有代天之权，秋成物，冬寒，金木火吉。变中为乾，日入天落晖也，宜保天年，春夏阴晦，寡和合，秋冬日落，霜雪生寒，金火中吉。变下为艮，日入山，宜回光自照，春明晦相半，夏平，秋冬日入山，晷长景和，木火吉。

艮变上为坤，脱险峻，履平坦也，宜弃荣就遯，春夏山色锦绣，四季尤佳，秋冬平安，金土木宜。变中为巽，风生谷口也，宜险处求安，春夏草木盘根，秋冬万物摧损，独金吉。变下为离，日出山也，宜升上近尊，春夏洞晓明彻，秋晦日入酉也，冬凶反时也，木火吉。

兑变上为乾，雨收大净，万籁皆清也，春夏雨旸合期，秋天清泽霭，冬凝结富饶，金水宜之。变中为震，雷动雨霖也，启瘁发枯，春雨及时，秋成丰利，冬雷隐伏，木土吉。变下为坎，雨积盈科也，春润泽，夏荣舒，万汇不求自富，秋及时，冬德泽。

卦未成，先看日辰，得好数，日辰不生旺，有气不遇时，亦徒用心。年卦为上爻，月五爻，气四爻，候三爻，日二爻，时卦初爻。

北京学易斋书目

书　　名	作　者	定　价	版别
影印涵芬楼本正统道藏 [宣纸线装;全512函1120册]	[明]张宇初编	480000.00	九州
影印涵芬楼本正统道藏 [道林纸线装;全512函1120册]	[明]张宇初编	280000.00	九州
易藏[宣纸线装;全50函200册]	编委会主编	98000.00	九州
重刊术藏[精装全100册]	编委会主编	68000.00	九州
续修术藏[精装全100册]	编委会主编	68000.00	九州
易藏[精装全60册]	编委会主编	48000.00	九州
道藏[精装全60册]	编委会主编	48000.00	九州
御制本草品汇精要[彩版8函32册]	(明)刘文泰等著	18000.00	海南
御纂医宗金鉴[20函80册]	(清)吴谦等著	28000.00	海南
影宋刻备急千金要方[4函16册]	(唐)孙思邈著	2380.00	海南
影元刻千金翼方[2函12册]	(唐)孙思邈著	2380.00	海南
芥子园画传[彩版3函13册]	(清)李渔纂辑	3800.00	华龄
十竹斋书画谱[彩版2函12册]	(明)胡正言编印	2800.00	华龄
影印明天启初刻武备志[精装全16册]	(明)茅元仪撰	13800.00	华龄
药王千金方合刊[精装全16册]	(唐)孙思邈著	13800.00	华龄
焦循文集[精装全18册,库存1套]	[清]焦循撰	9800.00	九州
邵子全书[精装全16册]	[宋]邵雍撰	12800.00	九州
子部珍本1:校正全本地学答问	1函3册	680.00	华龄
子部珍本2:赖仙原本催官经	1函1册	280.00	华龄
子部珍本3:赖仙催官篇注	1函1册	280.00	华龄
子部珍本4:尹注赖仙催官篇	1函1册	280.00	华龄
子部珍本5:赖仙心印	1函1册	280.00	华龄
子部珍本6:新刻赖太素天星催官解	1函2册	480.00	华龄
子部珍本7:天机秘传青囊内传	1函1册	280.00	华龄
子部珍本8:阳宅斗首连篇秘授	1函1册	280.00	华龄
子部珍本9:精刻编集阳宅真传秘诀	1函2册	480.00	华龄
子部珍本10:秘传全本六壬玉连环	1函2册	480.00	华龄
子部珍本11:秘传仙授奇门	1函2册	480.00	华龄
子部珍本12:祝由科诸符秘卷秘旨合刊	1函2册	480.00	华龄
子部珍本13:校正古本入地眼图说	1函2册	480.00	华龄
子部珍本14:校正全本钻地眼图说	1函2册	480.00	华龄
子部珍本15:赖公七十二葬法	1函2册	480.00	华龄
子部珍本16:杨筠松秘传开门放水阴阳捷径	1函2册	480.00	华龄
子部珍本17:校正古本地理五诀	1函2册	480.00	华龄
子部珍本18:重校古本地理雪心赋	1函2册	480.00	华龄

书　　名	作　者	定　价	版别
子部珍本 19:吴景鸾先天后天理气心印补注	1函1册	280.00	华龄
子部珍本 20:宋国师吴景鸾秘传夹竹梅花院纂	1函2册	480.00	华龄
子部珍本 21:影印原本任铁樵注滴天髓阐微	1函4册	1080.00	华龄
子部珍本 22:地理真宝一粒粟	1函1册	280.00	华龄
子部珍本 23:聚珍全本天机一贯	1函3册	680.00	华龄
子部珍本 24:阴宅造福秘诀	1函1册	280.00	华龄
子部珍本 25:增补诹吉宝镜图	1函2册	480.00	华龄
子部珍本 26:诹吉便览宝镜图	1函1册	280.00	华龄
子部珍本 27:诹吉便览八卦图	1函1册	280.00	华龄
子部珍本 28:甲遁真授秘集	1函4册	880.00	华龄
子部珍本 29:太上祝由科	1函2册	680.00	华龄
子部珍本 30:邵康节先生心易梅花数	1函1册	280.00	华龄
子部善本 1:新刊地理玄珠(宣纸线装)	2函10册	3000.00	华龄
子部善本 2:参赞玄机地理仙婆集(宣纸线装)	2函8册	2400.00	华龄
子部善本 3:章仲山地理九种(宣纸线装)	1函5册	1500.00	华龄
子部善本 4:八门九星阴阳二遁全本奇门断	2函18册	5400.00	华龄
子部善本 5:六壬统宗大全(宣纸线装)	2函6册	1800.00	华龄
子部善本 6:太乙统宗宝鉴(宣纸线装)	2函8册	2400.00	华龄
子部善本 7:重刊星海词林(宣纸线装)	14函56册	16800.00	华龄
子部善本 8:万历初刻三命通会(宣纸线装)	2函12册	3600.00	华龄
子部善本 9:增广沈氏玄空学(宣纸线装)	2函8册	2400.00	华龄
子部善本 10:江公择日秘稿(宣纸线装)	2函6册	1800.00	华龄
子部善本 11:刘氏家藏阐微通书(宣纸线装)	3函12册	3600.00	华龄
子部善本 12:影印增补高岛易断(宣纸线装)	2函8册	2400.00	华龄
子部善本 13:清刻足本铁板神数(宣纸线装)	3函13册	3900.00	华龄
子部善本 14:增订天官五星集腋(宣纸线装)	2函10册	3000.00	华龄
子部善本 15:太乙奇门六壬兵备统宗(宣纸线装)	9函36册	10800.00	华龄
子部善本 16:御定景祐奇门大全(宣纸线装)	8函32册	9600.00	华龄
子部善本 17:地理四秘全书十二种(宣纸线装)	4函16册	4800.00	华龄
子部善本 18:全本地理统一全书(宣纸线装)	3函15册	4500.00	华龄
子部善本 19:廖公画策扒砂经(宣纸线装)	1函4册	1200.00	华龄
子部善本 20:明刊玉髓真经(宣纸线装)	7函21册	6300.00	华龄
子部善本 21:蒋大鸿家藏地学捷旨(宣纸线装)	1函4册	1200.00	华龄
子部善本 22:阳宅安居金镜(宣纸线装)	1函4册	1200.00	华龄
子部善本 23:新刊地理紫囊书(宣纸线装)	2函6册	1800.00	华龄
子部善本 24:地理大成五种(宣纸线装)	8函24册	7200.00	华龄
子部善本 25:初刻鳌头通书大全(宣纸线装)	2函10册	3000.00	华龄
子部善本 26:初刻象吉备要通书大全(宣纸线装)	3函12册	3600.00	华龄
子部善本 27:武英殿板钦定协纪辨方书	8函24册	7200.00	华龄
子部善本 28:初刻陈子性藏书(宣纸线装)	2函6册	1800.00	华龄

书　名	作　者	定　价	版别
重刻故宫藏百二汉镜斋秘书四种(一):火珠林	1函1册	300.00	华龄
重刻故宫藏百二汉镜斋秘书四种(二):灵棋经	1函1册	300.00	华龄
重刻故宫藏百二汉镜斋秘书四种(三):滴天髓	1函1册	300.00	华龄
重刻故宫藏百二汉镜斋秘书四种(四):测字秘牒	1函1册	300.00	华龄
中外戏法图说:鹅幻汇编鹅幻余编合刊	1函3册	780.00	华龄
连山[一函一册]	[清]马国翰辑	280.00	华龄
归藏[一函一册]	[清]马国翰辑	280.00	华龄
周易虞氏义笺订[一函六册]	[清]李翊灼订	1180.00	华龄
周易参同契通真义	1函2册	480.00	华龄
御制周易[一函三册]	武英殿影宋本	680.00	华龄
宋刻周易本义[一函四册]	[宋]朱熹撰	980.00	华龄
易学启蒙[一函二册]	[宋]朱熹撰	480.00	华龄
易余[一函二册]	[明]方以智撰	480.00	九州
奇门鸣法	[一函二册]	680.00	华龄
奇门衍象	[一函二册]	480.00	华龄
奇门枢要	[一函二册]	480.00	华龄
奇门仙机[一函三册]	王力军校订	298.00	华龄
奇门心法秘纂[一函三册]	王力军校订	298.00	华龄
御定奇门秘诀[一函三册]	[清]湖海居士辑	680.00	华龄
宫藏奇门大全[线装五函二十五册]	[清]湖海居士辑	6800.00	星易
遁甲奇门秘传要旨大全[线装二函十册]	[清]范阳耐寒子辑	6200.00	星易
增广神相全编[线装一函四册]	[明]袁珙订正	980.00	星易
龙伏山人存世文稿[五函十册]	[清]矫子阳撰	2800.00	九州
奇门遁甲鸣法[一函二册]	[清]矫子阳撰	680.00	九州
奇门遁甲衍象[一函二册]	[清]矫子阳撰	480.00	九州
奇门遁甲枢要[一函二册]	[清]矫子阳撰	480.00	九州
遯甲括囊集[一函三册]	[清]矫子阳撰	980.00	九州
增注蒋公古镜歌[一函一册]	[清]矫子阳撰	180.00	九州
古本皇极经世书[一函三册]	[宋]邵雍撰	980.00	九州
明抄真本梅花易数[一函三册]	[宋]邵雍撰	480.00	九州
订正六壬金口诀[一函六册]	[清]巫国匡辑	1280.00	华龄
六壬神课金口诀[一函三册]	[明]适适子撰	298.00	华龄
改良三命通会[一函四册,第二版]	[明]万民英撰	980.00	华龄
增补选择通书玉匣记[一函二册]	[晋]许逊撰	480.00	华龄
绘图全本鲁班经匠家镜	1函4册	680.00	华龄
菊逸山房地理正书(天函):地理点穴撼龙经	1函3册	680.00	华龄
菊逸山房地理正书(地函):秘藏疑龙经大全	1函1册	280.00	华龄
菊逸山房地理正书(人函):杨公秘本山法备收	1函1册	280.00	华龄
青囊海角经	1函4册	680.00	华龄
阳宅三要	1函3册	298.00	华龄

书　　名	作　者	定　价	版别
子部珍本备要(宣纸线装)		分函售价	九州
001 岣嵝神书	1 函 1 册	280.00	九州
002 地理啖蔗録	1 函 4 册	880.00	九州
003 地理玄珠精选	1 函 4 册	880.00	九州
004 地理琢玉斧峦头歌括	1 函 4 册	880.00	九州
005 金氏地学粹编	3 函 8 册	1840.00	九州
006 风水一书	1 函 4 册	880.00	九州
007 风水二书	1 函 4 册	880.00	九州
008 增注周易神应六亲百章海底眼	1 函 1 册	280.00	九州
009 卜易指南	1 函 1 册	280.00	九州
010 大六壬占验	1 函 1 册	280.00	九州
011 真本六壬神课金口诀	1 函 3 册	680.00	九州
012 太乙指津	1 函 2 册	480.00	九州
013 太乙金钥匙 太乙金钥匙续集	1 函 1 册	280.00	九州
014 奇门遁甲占验天时	1 函 2 册	480.00	九州
015 南阳掌珍遁甲	1 函 1 册	280.00	九州
016 达摩易筋经 易筋经外经图说 八段锦	1 函 1 册	280.00	九州
017 钦天监彩绘真本推背图	1 函 2 册	680.00	九州
018 清抄全本玉函通秘	1 函 3 册	680.00	九州
019 灵棋经	1 函 1 册	280.00	九州
020 道藏灵符秘法	4 函 9 册	2100.00	九州
021 地理青囊玉尺度金针集	1 函 6 册	1280.00	九州
022 奇门秘传九宫纂要	1 函 1 册	280.00	九州
023 影印清抄耕寸集一真本子平真诠	1 函 2 册	480.00	九州
024 新刊合并官板音义评注渊海子平	1 函 2 册	480.00	九州
025 影抄宋本五行精纪	1 函 6 册	1080.00	九州
026 影印明刻阴阳五要奇书 1一郭氏阴阳元经	1 函 2 册	480.00	九州
027 影印明刻阴阳五要奇书 2一克择璇玑括要	1 函 1 册	280.00	九州
028 影印明刻阴阳五要奇书 3一阳明按索图	1 函 2 册	480.00	九州
029 影印明刻阴阳五要奇书 4一佐玄直指	1 函 2 册	480.00	九州
030 影印明刻阴阳五要奇书 5一三白宝海钩玄	1 函 1 册	280.00	九州
031 相命图诀许负相法十六篇合刊	1 函 1 册	280.00	九州
032 玉掌神相神相铁关刀合刊	1 函 1 册	280.00	九州
033 古本太乙淘金歌	1 函 1 册	280.00	九州
034 重刊地理葬埋黑通书	1 函 2 册	480.00	九州
035 壬归	1 函 2 册	480.00	九州
036 大六壬苗公鬼撮脚二种合刊	1 函 1 册	280.00	九州
037 大六壬鬼撮脚射覆	1 函 2 册	480.00	九州
038 大六壬金柜经	1 函 1 册	280.00	九州
039 纪氏奇门秘书仕学备余	1 函 1 册	280.00	九州

书　名	作　者	定　价	版别
040 八门九星阴阳二遁全本奇门断	2 函 18 册	3680.00	九州
041 李卫公奇门心法	1 函 1 册	280.00	九州
042 武侯行兵遁甲金函玉镜海底眼	1 函 1 册	280.00	九州
043 诸葛武侯奇门千金诀	1 函 1 册	280.00	九州
044 隔夜神算	1 函 1 册	280.00	九州
045 地理五种秘笈合刊	1 函 1 册	280.00	九州
046 地理雪心赋句解	1 函 2 册	480.00	九州
047 九天玄女青囊经	1 函 1 册	280.00	九州
048 考定撼龙经	1 函 1 册	280.00	九州
049 刘江东家藏善本葬书	1 函 1 册	280.00	九州
050 杨公六段玄机赋杨筠松安门楼玉辇经合刊	1 函 1 册	280.00	九州
051 风水金鉴	1 函 1 册	280.00	九州
052 新镌碎玉剖秘地理不求人	1 函 2 册	480.00	九州
053 阳宅八门金光斗临经	1 函 1 册	280.00	九州
054 新镌徐氏家藏罗经顶门针	1 函 2 册	480.00	九州
055 影印乾隆丙午刻本地理五诀	1 函 4 册	880.00	九州
056 地理诀要雪心赋	1 函 2 册	480.00	九州
057 蒋氏平阶家藏善本插泥剑	1 函 1 册	280.00	九州
058 蒋大鸿家传地理归厚录	1 函 1 册	280.00	九州
059 蒋大鸿家传三元地理秘书	1 函 1 册	280.00	九州
060 蒋大鸿家传天星选择秘旨	1 函 1 册	280.00	九州
061 撼龙经批注校补	1 函 4 册	880.00	九州
062 疑龙经批注校补一全	1 函 1 册	280.00	九州
063 种筠书屋较订山法诸书	1 函 2 册	480.00	九州
064 堪舆倒杖诀 拨砂经遗篇 合刊	1 函 1 册	280.00	九州
065 认龙天宝经	1 函 1 册	280.00	九州
066 天机望龙经刘氏心法 杨公骑龙穴诗合刊	1 函 1 册	280.00	九州
067 风水一夜仙秘传三种合刊	1 函 1 册	280.00	九州
068 新镌地理八窍	1 函 2 册	480.00	九州
069 地理解醒	1 函 1 册	280.00	九州
070 峦头指迷	1 函 3 册	680.00	九州
071 茅山上清灵符	1 函 2 册	480.00	九州
072 茅山上清镇禳摄制秘法	1 函 1 册	280.00	九州
073 天医祝由科秘抄	1 函 2 册	480.00	九州
074 千镇百镇桃花镇	1 函 2 册	480.00	九州
075 轩辕碑记医学祝由十三科治病奇书合刊	1 函 1 册	280.00	九州
076 清抄真本祝由科秘诀全书	1 函 3 册	680.00	九州
077 增补秘传万法归宗	1 函 2 册	480.00	九州
078 祝由科诸符秘卷祝由科诸符秘旨合刊	1 函 1 册	280.00	九州
079 辰州符咒大全	1 函 4 册	880.00	九州

书　　名	作　者	定　价	版别
080 万历初刻三命通会	2函12册	2480.00	九州
081 新编三车一览子平渊源注解	1函3册	680.00	九州
082 命理用神精华	1函3册	680.00	九州
083 命学探骊集	1函1册	280.00	九州
084 相诀摘要	1函2册	480.00	九州
085 相法秘传	1函1册	280.00	九州
086 新编相法五总龟	1函1册	280.00	九州
087 相学统宗心易秘传	1函2册	480.00	九州
088 秘本大清相法	1函2册	480.00	九州
089 相法易知	1函1册	280.00	九州
090 星命风水秘传	1函1册	280.00	九州
091 大六壬隔山照	1函2册	480.00	九州
092 大六壬考正	1函1册	280.00	九州
093 大六壬类阐	1函2册	480.00	九州
094 六壬心镜集注	1函1册	280.00	九州
095 遁甲吾学编	1函2册	480.00	九州
096 刘明江家藏善本奇门衍象	1函1册	280.00	九州
097 遁甲天书秘文	1函2册	480.00	九州
098 金枢符应秘文	1函2册	480.00	九州
099 秘传金函奇门隐遁丁甲法书	1函2册	480.00	九州
100 六壬行军指南	2函10册	2080.00	九州
101 家藏阴阳二宅秘诀线法	1函2册	480.00	九州
102 阳宅一书阴宅一书合刊	1函1册	280.00	九州
103 地理法门全书	1函1册	280.00	九州
104 四真全书玉钥匙	1函1册	280.00	九州
105 重刊官板玉髓真经	1函4册	880.00	九州
106 明刊阳宅真诀	1函2册	480.00	九州
107 阳宅指南	1函1册	280.00	九州
108 阳宅秘传三书	1函1册	280.00	九州
109 阳宅都天滚盘珠	1函1册	280.00	九州
110 纪氏地理水法要诀	1函1册	280.00	九州
111 李默斋先生地理辟径集	1函2册	480.00	九州
112 李默斋先生辟径集续篇 地理秘缺	1函2册	480.00	九州
113 地理辨正自解	1函1册	280.00	九州
114 形家五要全编	1函4册	880.00	九州
115 地理辨正抉要	1函1册	280.00	九州
116 地理辨正揭隐	1函1册	280.00	九州
117 地学铁骨秘	1函1册	280.00	九州
118 地理辨正发秘初稿	1函1册	280.00	九州
119 三元宅墓图	1函1册	280.00	九州

书　　名	作　者	定　价	版别
120 参赞玄机地理仙婆集	2 函 8 册	1680.00	九州
121 幕讲禅师玄空秘旨浅注外七种	1 函 1 册	280.00	九州
122 玄空挨星图诀	1 函 1 册	280.00	九州
123 影印稿本玄空地理筌蹄	1 函 1 册	280.00	九州
124 玄空古义四种通释	1 函 2 册	480.00	九州
125 地理疑义答问	1 函 1 册	280.00	九州
126 王元极地理辨正冒禁录	1 函 1 册	280.00	九州
127 王元极校补天元选择辨正	1 函 3 册	680.00	九州
128 王元极选择辨真全书	1 函 1 册	280.00	九州
129 王元极增批地理冰海原本地理冰海合刊	1 函 1 册	280.00	九州
130 王元极三元阳宅萃篇	1 函 2 册	480.00	九州
131 尹一勺先生地理精语	1 函 1 册	280.00	九州
132 古本地理元真	1 函 2 册	480.00	九州
133 杨公秘本搜地灵	1 函 1 册	280.00	九州
134 秘藏千里眼	1 函 1 册	280.00	九州
135 道光刊本地理或问	1 函 1 册	280.00	九州
136 影印稿本地理秘诀	1 函 2 册	480.00	九州
137 地理秘诀隔山照 地理括要 合刊	1 函 1 册	280.00	九州
138 地理前后五十段	1 函 2 册	480.00	九州
139 心耕书屋藏本地经图说	1 函 1 册	280.00	九州
140 地理古本道法双谭	1 函 1 册	280.00	九州
141 奇门遁甲元灵经	1 函 1 册	280.00	九州
142 黄帝遁甲归藏大意 白猿真经 合刊	1 函 1 册	280.00	九州
143 遁甲符应经	1 函 2 册	480.00	九州
144 遁甲通明钤	1 函 1 册	280.00	九州
145 景祐奇门秘纂	1 函 2 册	480.00	九州
146 奇门先天要论	1 函 2 册	480.00	九州
147 御定奇门古本	1 函 2 册	480.00	九州
148 奇门吉凶格解	1 函 1 册	280.00	九州
149 御定奇门宝鉴	1 函 3 册	680.00	九州
150 奇门阐易	1 函 2 册	480.00	九州
151 六壬总论	1 函 1 册	280.00	九州
152 稿抄本大六壬翠羽歌	1 函 1 册	280.00	九州
153 都天六壬神课	1 函 1 册	280.00	九州
154 大六壬易简	1 函 2 册	480.00	九州
155 太上六壬明鉴符阴经	1 函 1 册	280.00	九州
156 增补关煞袖里金百中经	1 函 1 册	280.00	九州
157 演禽三世相法	1 函 2 册	480.00	九州
158 合婚便览 和合婚姻咒 合刊	1 函 1 册	280.00	九州
159 神数十种	1 函 1 册	280.00	九州

书　　名	作　者	定　价	版别
160 神机灵数一掌经金钱课合刊	1 函 1 册	280.00	九州
161 阴阳二宅易知录	1 函 2 册	480.00	九州
162 阴宅镜	1 函 2 册	480.00	九州
163 阳宅镜	1 函 1 册	280.00	九州
164 清精抄本六圃地学	1 函 1 册	280.00	九州
165 形峦神断书	1 函 1 册	280.00	九州
166 堪舆三昧	1 函 1 册	280.00	九州
167 遁甲奇门捷要	1 函 1 册	280.00	九州
168 奇门遁甲备览	1 函 1 册	280.00	九州
169 原传真本石室藏本圆光真传秘诀合刊	1 函 1 册	280.00	九州
170 明抄全本壬归	1 函 4 册	880.00	九州
171 董德彰水法秘诀水法断诀合刊	1 函 1 册	280.00	九州
172 董德彰先生水法图说	1 函 1 册	280.00	九州
173 董德彰先生泄天机纂要	1 函 2 册	480.00	九州
174 李默斋先生地理秘传	1 函 2 册	480.00	九州
175 新锓希夷陈先生紫微斗数全书	1 函 3 册	680.00	九州
176 海源阁藏明刊麻衣相法全编	1 函 2 册	480.00	九州
177 袁忠彻先生相法秘传	1 函 3 册	680.00	九州
178 火珠林要旨 筮杙	1 函 2 册	480.00	九州
179 火珠林占法秘传 续筮杙	1 函 1 册	280.00	九州
180 六壬类聚	1 函 4 册	880.00	九州
181 新刻麻衣相神异赋	1 函 1 册	280.00	九州
182 诸葛武侯奇门遁甲全书	1 函 2 册	480.00	九州
183 张九仪传地理偶摘	1 函 1 册	280.00	九州
184 张九仪传地理偶注	1 函 1 册	280.00	九州
185 阳宅玄珠	1 函 1 册	280.00	九州
186 阴宅总论	1 函 1 册	280.00	九州
187 新刻杨救贫秘传阴阳二宅便用统宗	1 函 1 册	280.00	九州
188 增补理气图说	1 函 2 册	480.00	九州
189 增补罗经图说	1 函 1 册	280.00	九州
190 重镌官板阳宅大全	1 函 4 册	880.00	九州
191 景祐太乙福应经	1 函 1 册	280.00	九州
192 景祐遁甲符应经	1 函 3 册	680.00	九州
193 景祐六壬神定经	1 函 3 册	680.00	九州
194 御制禽遁符应经	1 函 2 册	480.00	九州
195 秘传匠家鲁班经符法	1 函 3 册	680.00	九州
196 哈佛藏本太史黄际飞注天玉经	1 函 1 册	280.00	九州
197 李三素先生红囊经解	1 函 1 册	280.00	九州
198 杨曾青囊天玉通义	1 函 1 册	280.00	九州
199 重编大清钦天监焦秉贞彩绘历代推背图解	1 函 2 册	680.00	九州

书　　名	作　者	定　价	版别
200 道光初刻相理衡真	1 函 4 册	880.00	九州
201 新刻袁柳庄先生秘传相法	1 函 3 册	680.00	九州
202 袁忠彻相法古今识鉴	1 函 2 册	480.00	九州
203 袁天纲五星三命指南	1 函 2 册	480.00	九州
204 新刻五星玉镜	1 函 3 册	680.00	九州
205 游艺录:筮遁壬行年斗数相宅	1 函 1 册	280.00	九州
206 新订王氏罗经透解	1 函 2 册	480.00	九州
207 堪舆真诠	1 函 3 册	680.00	九州
208 青囊天机奥旨二种	1 函 1 册	280.00	九州
209 张九仪传地理偶录	1 函 1 册	280.00	九州
210 地学形势集	1 函 8 册	1680.00	九州
211 神相水镜集	1 函 4 册	880.00	九州
212 稀见相学秘笈四种合刊	1 函 2 册	480.00	九州
213 神相金较剪	1 函 1 册	280.00	九州
214 神相证验百条	1 函 2 册	480.00	九州
215 全本神相全编	1 函 3 册	680.00	九州
216 神相全编正义	1 函 3 册	680.00	九州
217 八宅明镜	1 函 2 册	480.00	九州
218 阳宅卜居秘髓	1 函 3 册	680.00	九州
219 地理乾坤法窍	1 函 3 册	680.00	九州
220 秘传廖公画筴拨砂经	1 函 4 册	880.00	九州
221 地理囊金集注	1 函 1 册	280.00	九州
222 赤松子罗经要旨	1 函 1 册	280.00	九州
223 萧仙地理心法堪舆经	1 函 2 册	480.00	九州
224 新刻地理搜龙奥语	1 函 2 册	480.00	九州
225 新刻风水珠神真经	1 函 2 册	480.00	九州
226 寻龙点穴地理索隐	1 函 1 册	280.00	九州
227 杨公撼龙经考注	1 函 2 册	480.00	九州
228 李德贞秘授三元秘诀	1 函 1 册	280.00	九州
229 地理支陇乘气论	1 函 2 册	480.00	九州
230 道光刻全本相山撮要	2 函 6 册	1500.00	九州
231 药王真传祝由科全编	1 函 1 册	280.00	九州
232 梵音斗科符箓秘书	1 函 2 册	580.00	九州
233 御定奇门灵占	1 函 4 册	880.00	九州
234 御定奇门宝镜图	1 函 2 册	480.00	九州
235 汇纂大六壬玉钥匙心诀	1 函 1 册	280.00	九州
236 补完直解六壬五变中黄经	1 函 2 册	480.00	九州
237 六壬节要直讲	1 函 2 册	480.00	九州
238 六壬神课捷要占验	1 函 1 册	280.00	九州
239 六壬袖传神课捷要	1 函 1 册	280.00	九州

书　　名	作　者	定　价	版别
240 秘藏大六壬大全善本	2 函 8 册	1800.00	九州
241 阳宅藏书	1 函 2 册	480.00	九州
242 阳宅觉元氏新书	1 函 1 册	280.00	九州
243 阳宅拾遗	1 函 2 册	480.00	九州
244 阳基集腋	1 函 2 册	480.00	九州
245 阴阳二宅指正	1 函 2 册	480.00	九州
246 九天玄妙秘书内经	1 函 1 册	280.00	九州
247 青乌葬经葬经翼	1 函 1 册	280.00	九州
248 阳宅六十四卦秘断	1 函 1 册	280.00	九州
249 杨曾地理秘传捷诀	1 函 3 册	680.00	九州
250 三元堪舆秘笈救败全书	1 函 4 册	880.00	九州
251 纪氏地理末学	1 函 2 册	480.00	九州
252 堪舆说原	1 函 1 册	280.00	九州
253 河洛正变喝穴集	1 函 1 册	280.00	九州
254 太上洞玄灵宝素灵真符	1 函 1 册	280.00	九州
255 道家神符霡咒秘传	1 函 1 册	280.00	九州
256 堪舆秘传六十四论记师口诀	1 函 2 册	480.00	九州
257 相法秘笈太乙照神经	1 函 3 册	680.00	九州
258 哈佛藏子平格局解要	1 函 2 册	480.00	九州
259 三车一览命书详论	1 函 2 册	480.00	九州
260 万历初刊平学大成	1 函 4 册	880.00	九州
261 古本推背图说	1 函 2 册	680.00	九州
262 董氏诹吉新书	1 函 2 册	480.00	九州
263 蒋大鸿四十八局图	1 函 1 册	280.00	九州
264 阳宅紫府宝鉴	1 函 2 册	480.00	九州
265 宅经类纂	1 函 3 册	680.00	九州
266 杨公画筴图	1 函 1 册	280.00	九州
267 刘江东秘传金函经	1 函 1 册	280.00	九州
268 茔元总录	1 函 2 册	480.00	九州
269 纪氏奇门占验奇门遁甲要略合刊	1 函 1 册	280.00	九州
270 奇门统宗大全	1 函 4 册	880.00	九州
271 刘天君祛治符法秘卷	1 函 3 册	680.00	九州
272 圣济总录祝由术全编	1 函 2 册	480.00	九州
273 子平星学精华	1 函 1 册	280.00	九州
274 紫微斗数命理宣微	1 函 1 册	280.00	九州
275 火珠林卦爻精究集	1 函 2 册	480.00	九州
276 韩图孤本奇门秘要	1 函 1 册	280.00	九州
277 哈佛藏明抄六壬断易秘诀	1 函 1 册	280.00	九州
278 大六壬会要全集	1 函 3 册	680.00	九州
279 乾隆初刊六壬视斯	1 函 2 册	480.00	九州

书　　名	作　者	定　价	版别
280 精抄历代六壬占验汇选	2 函 6 册	1280.00	九州
281 张九仪先生东湖地学	1 函 1 册	280.00	九州
282 张九仪先生东湖砂法	1 函 1 册	280.00	九州
283 张九仪先生东湖水法	1 函 1 册	280.00	九州
284 姚氏地理辨正图说	1 函 1 册	280.00	九州
285 地理辨正补注	1 函 2 册	480.00	九州
286 地理丛谈元运发微	1 函 1 册	280.00	九州
287 元空宅法举隅	1 函 1 册	280.00	九州
288 平洋地理玉函经	1 函 1 册	280.00	九州
289 元空法鉴三种	1 函 3 册	680.00	九州
290 蒋大鸿先生地理合璧	2 函 7 册	1480.00	九州
291 新刊地理五经图解	1 函 3 册	680.00	九州
292 三元地理辨惑	1 函 1 册	280.00	九州
293 风水内传秘旨	1 函 1 册	280.00	九州
294 杜氏地理图说	1 函 2 册	480.00	九州
295 地学仁孝必读	1 函 5 册	1080.00	九州
296 地理秘珍	1 函 2 册	480.00	九州
297 秘传四课仙机水法	1 函 1 册	280.00	九州
298 地理辨正图诀	1 函 1 册	280.00	九州
299 灵城精义笺	1 函 1 册	280.00	九州
300 仰山子新辑地理条贯	2 函 6 册	1280.00	九州
301 秘传堪舆经传类纂	1 函 1 册	280.00	九州
302 秘传堪舆论状类纂	1 函 1 册	280.00	九州
303 秘传堪舆秘书类纂	1 函 1 册	280.00	九州
304 秘传堪舆诗赋歌诀类纂	1 函 2 册	480.00	九州
305 秘传堪舆问答类纂	1 函 1 册	280.00	九州
306 秘传堪舆杂录类纂	1 函 2 册	480.00	九州
307 秘传堪舆辨惑类纂	1 函 1 册	280.00	九州
308 秘传堪舆断诀类纂	1 函 1 册	280.00	九州
309 秘传堪舆穴法类纂	1 函 1 册	280.00	九州
310 秘传堪舆葬法类纂	1 函 1 册	280.00	九州
311 大六壬兵占三种	1 函 2 册	480.00	九州
312 大六壬秘书四种	1 函 2 册	480.00	九州
313 大六壬毕法注解	1 函 1 册	280.00	九州
314 大六壬课体订讹	1 函 1 册	280.00	九州
315 大六壬类占	1 函 2 册	480.00	九州
316 大六壬全编	1 函 2 册	480.00	九州
317 大六壬杂释	1 函 1 册	280.00	九州
318 大六壬心镜	1 函 2 册	480.00	九州
319 六壬灵课玉洞金书	1 函 1 册	280.00	九州

书　　名	作　者	定　价	版别
320 六壬通仙	1 函 4 册	880.00	九州
321 五种秘窍全书一1一地理秘窍	1 函 1 册	280.00	九州
322 五种秘窍全书一2一选择秘窍	1 函 4 册	880.00	九州
323 五种秘窍全书一3一天星秘窍	1 函 1 册	280.00	九州
324 五种秘窍全书一4一罗经秘窍	1 函 4 册	880.00	九州
325 五种秘窍全书一5一奇门秘窍	1 函 2 册	480.00	九州
326 新编杨曾地理家传心法捷诀一贯堪舆	2 函 8 册	1780.00	九州
327 玉函铜函真经阴阳剪裁图注	1 函 3 册	680.00	九州
328 新刻石函平砂玉尺经全书	1 函 2 册	480.00	九州
329 三元通天照水经	1 函 2 册	480.00	九州
330 堪舆经书	1 函 5 册	1080.00	九州
331 神相汇编	1 函 2 册	480.00	九州
332 管辂神相秘传	1 函 1 册	280.00	九州
333 冰鉴秘本七篇月波洞中记合刊	1 函 1 册	280.00	九州
334 太清神鉴录	1 函 2 册	480.00	九州
335 新刊京本厘正总括天机星学正传	2 函 10 册	2180.00	九州
336 新监七政归垣司台历数袖里璇玑	1 函 4 册	880.00	九州
337 道藏古本紫微斗数	1 函 2 册	480.00	九州
338 增补诸家选择万全玉匣记	1 函 2 册	480.00	九州
339 杨公造命要诀	1 函 1 册	280.00	九州
340 造命宗镜	1 函 6 册	1280.00	九州
341 上清灵宝济度金书符咒大成	2 函 9 册	1980.00	九州
342 青城山铜板祝由十三科	1 函 2 册	480.00	九州
343 抄本祝由科别传	1 函 1 册	280.00	九州
344 遁甲演义	1 函 2 册	480.00	九州
345 武侯奇门遁甲玄机赋	1 函 1 册	280.00	九州
346 北法变化禽书	1 函 1 册	280.00	九州
347 卜筮全书	1 函 6 册	1280 .00	九州
348 卜筮正宗	1 函 4 册	880.00	九州
349 易隐	1 函 4 册	880.00	九州
350 野鹤老人占卜全书	1 函 5 册	1280.00	九州
351 地理会心集	1 函 2 册	480.00	九州
352 罗经会心集	1 函 2 册	480.00	九州
353 阳宅会心集	1 函 1 册	280.00	九州
354 秘传图注龙经全集	1 函 3 册	680.00	九州
355 地理精微集	1 函 2 册	480.00	九州
356 地理拾铅峦头理气合编	1 函 2 册	480.00	九州
357 萧客真诀	1 函 1 册	280.00	九州
358 地理铁案	1 函 2 册	480.00	九州
359 秘传四神课书仙机消纳水法	1 函 2 册	480.00	九州

书　　名	作　者	定　价	版别
360 蒋大鸿先生地理真诠	2 函 7 册	1480.00	九州
361 蒋大鸿仙诀小引	1 函 1 册	280.00	九州
362 管氏地理指蒙	1 函 1 册	280.00	九州
363 原本山洋指迷	1 函 2 册	480.00	九州
364 形家集要	1 函 1 册	280.00	九州
365 重镌地理天机会元	3 函 15 册	3080.00	九州
366 地理方外别传	1 函 2 册	480.00	九州
367 堪舆至秘旅寓集	1 函 1 册	280.00	九州
368 堪舆管见	1 函 1 册	280.00	九州
369 四神秘诀	1 函 2 册	480.00	九州
370 地理辨正补	1 函 3 册	680.00	九州
371 金书秘奥地理一片金合刊	1 函 1 册	280.00	九州
372 阳宅玉髓真经阴宅制煞秘法合刊	1 函 1 册	280.00	九州
373 堪舆至秘旅寓集 堪舆秘传	1 函 1 册	280.00	九州
374 地学杂钞连珠水法合刊	1 函 1 册	280.00	九州
375 黄妙应仙师五星仙机制化砂法	1 函 2 册	480.00	九州
376 造葬便览	1 函 1 册	280.00	九州
377 大六壬秘本	1 函 2 册	480.00	九州
378 太乙统类	1 函 1 册	280.00	九州
379 新雕注疏珞琭子三命消息赋	1 函 1 册	280.00	九州
380 新编四家注解经进珞琭子消息赋	1 函 2 册	480.00	九州
381 清代民间实用灵符汇编	1 函 2 册	680.00	九州
382 王国维批校宋本焦氏易林	1 函 2 册	480.00	九州
383 新刊应验天机易卦通神	1 函 1 册	280.00	九州
384 新镌周易数	1 函 5 册	1080.00	九州
增补四库青乌辑要[,全 18 函 59 册]	郑同校	11680.00	九州
第 1 种:宅经[1 册]	[署]黄帝撰	180.00	九州
第 2 种:葬书[1 册]	[晋]郭璞撰	220.00	九州
第 3 种:青囊序青囊奥语天玉经[1 册]	[唐]杨筠松撰	220.00	九州
第 4 种:黄囊经[1 册]	[唐]杨筠松撰	220.00	九州
第 5 种:黑囊经[2 册]	[唐]杨筠松撰	380.00	九州
第 6 种:锦囊经[1 册]	[晋]郭璞撰	200.00	九州
第 7 种:天机贯旨红囊经[2 册]	[清]李三素撰	380.00	九州
第 8 种:玉函天机素书/至宝经[1 册]	[明]董德彰撰	200.00	九州
第 9 种:天机一贯[2 册]	[清]李三素撰辑	380.00	九州
第 10 种:撼龙经[1 册]	[唐]杨筠松撰	200.00	九州
第 11 种:疑龙经葬法倒杖[1 册]	[唐]杨筠松撰	220.00	九州
第 12 种:疑龙经辨正[1 册]	[唐]杨筠松撰	200.00	九州
第 13 种:寻龙记太华经[1 册]	[唐]曾文辿撰	220.00	九州
第 14 种:宅谱要典[2 册]	[清]铣溪野人校	380.00	九州

书　名	作　者	定　价	版别
第 15 种:阳宅必用[2 册]	心灯大师校订	380.00	九州
第 16 种:阳宅撮要[2 册]	[清]吴鼒撰	380.00	九州
第 17 种:阳宅正宗[1 册]	[清]姚承舆撰	200.00	九州
第 18 种:阳宅指掌[2 册]	[清]黄海山人撰	380.00	九州
第 19 种:相宅新编[1 册]	[清]焦循校刊	240.00	九州
第 20 种:阳宅井明[2 册]	[清]邓颖出撰	380.00	九州
第 21 种:阴宅井明[1 册]	[清]邓颖出撰	220.00	九州
第 22 种:灵城精义[2 册]	[南唐]何溥撰	380.00	九州
第 23 种:龙穴砂水说[1 册]	清抄秘本	180.00	九州
第 24 种:三元水法秘诀[2 册]	清抄秘本	380.00	九州
第 25 种:罗经秘传[2 册]	[清]傅禹辑	380.00	九州
第 26 种:穿山透地真传[2 册]	[清]张九仪撰	380.00	九州
第 27 种:催官篇发微论[2 册]	[宋]赖文俊撰	380.00	九州
第 28 种:入地眼神断要诀[2 册]	清抄秘本	380.00	九州
第 29 种:玄空大卦秘断[1 册]	清抄秘本	200.00	九州
第 30 种:玄空大五行真传口诀[1 册]	[明]蒋大鸿等撰	220.00	九州
第 31 种:杨曾九宫颠倒打劫图说[1 册]	[唐]杨筠松撰	200.00	九州
第 32 种:乌兔经奇验经[1 册]	[唐]杨筠松撰	180.00	九州
第 33 种:挨星考注[1 册]	[清]汪董缘订定	260.00	九州
第 34 种:地理挨星说汇要[1 册]	[明]蒋大鸿撰辑	220.00	九州
第 35 种:地理捷诀[1 册]	[清]傅禹辑	200.00	九州
第 36 种:地理三仙秘旨[1 册]	清抄秘本	200.00	九州
第 37 种:地理三字经[3 册]	[清]程思乐撰	580.00	九州
第 38 种:地理雪心赋注解[2 册]	[唐]卜则嵬撰	380.00	九州
第 39 种:蒋公天元余义[1 册]	[明]蒋大鸿等撰	220.00	九州
第 40 种:地理真传秘旨[3 册]	[唐]杨筠松撰	580.00	九州
增补四库未收方术汇刊第一辑(全 28 函)	线装影印本	11800.00	九州
第一辑 01 函:火珠林·卜筮正宗	[宋]麻衣道者著	340.00	九州
第一辑 02 函:全本增删卜易·增删卜易真诠	[清]野鹤老人撰	720.00	九州
第一辑 03 函:渊海子平音义评注·子平真诠·命理易知	[明]杨淙增校	360.00	九州
第一辑 04 函:滴天髓:附滴天秘诀·穷通宝鉴:附月谈赋	[宋]京图撰	360.00	九州
第一辑 05 函:参星秘要诹吉便览·玉函斗首三台通书·精校三元总录	[清]俞荣宽撰	460.00	九州
第一辑 06 函:陈子性藏书	[清]陈应选撰	580.00	九州
第一辑 07 函:崇正辟谬永吉通书·选择求真	[清]李奉来辑	500.00	九州
第一辑 08 函:增补选择通书玉匣记·永宁通书	[晋]许逊撰	400.00	九州
第一辑 09 函:新增阳宅爱众篇	[清]张觉正撰	480.00	九州
第一辑 10 函:地理四弹子·地理铅弹子砂水要诀	[清]张九仪注	340.00	九州
第一辑 11 函:地理五诀	[清]赵九峰著	200.00	九州

书　　名	作　者	定　价	版别
第一辑 12 函:地理直指原真	[清]释如玉撰	280.00	九州
第一辑 13 函:宫藏真本入地眼全书	[宋]释静道著	680.00	九州
第一辑 14 函:罗经顶门针·罗经解定·罗经透解	[明]徐之镆撰	360.00	九州
第一辑 15 函:校正详图青囊经·平砂玉尺经·地理辨正疏	[清]王宗臣著	300.00	九州
第一辑 16 函:一贯堪舆	[明]唐世友辑	240.00	九州
第一辑 17 函:阳宅大全·阳宅十书	[明]一壑居士集	600.00	九州
第一辑 18 函:阳宅大成五种	[清]魏青江撰	600.00	九州
第一辑 19 函:奇门五总龟·奇门遁甲统宗大全·奇门遁甲元灵经	[明]池纪撰	500.00	九州
第一辑 20 函:奇门遁甲秘笈全书	[明]刘伯温辑	280.00	九州
第一辑 21 函:奇门庐中阐秘	[汉]诸葛武侯撰	600.00	九州
第一辑 22 函:奇门遁甲元机太乙秘书六壬大占	[宋]岳珂纂辑	360.00	九州
第一辑 23 函:性命圭旨	[明]尹真人撰	480.00	九州
第一辑 24 函:紫微斗数全书	[宋]陈抟撰	200.00	九州
第一辑 25 函:千镇百镇桃花镇	[清]云石道人校	220.00	九州
第一辑 26 函:清抄真本祝由科秘诀全书·轩辕碑记医学祝由十三科	[上古]黄帝传	800.00	九州
第一辑 27 函:增补秘传万法归宗	[唐]李淳风撰	160.00	九州
第一辑 28 函:神机灵数一掌经金钱课·牙牌神数七种·珍本演禽三世相法	[清]诚文信校	440.00	九州
增补四库未收方术汇刊第二辑(全 36 函)	线装影印本	13800.00	九州
第二辑第 1 函:六爻断易一撮金·卜易秘诀海底眼	[宋]邵雍撰	200.00	九州
第二辑第 2 函:秘传子平渊源	燕山郑同校辑	280.00	九州
第二辑第 3 函:命理探原	[清]袁树珊撰	280.00	九州
第二辑第 4 函:命理正宗	[明]张楠撰集	180.00	九州
第二辑第 5 函:造化玄钥	庄圆校补	220.00	九州
第二辑第 6 函:命理寻源·子平管见	[清]徐乐吾撰	280.00	九州
第二辑第 7 函:京本风鉴相法	[明]回阳子校辑	380.00	九州
第二辑第 8－9 函:钦定协纪辨方书 8 册	[清]允禄编	780.00	九州
第二辑第 10－11 函:鳌头通书 10 册	[明]熊宗立撰辑	880.00	九州
第二辑第 12－13 函:象吉通书	[清]魏明远撰辑	1080.00	九州
第二辑第 14 函:选择宗镜·选择纪要	[朝鲜]南秉吉撰	360.00	九州
第二辑第 15 函:选择正宗	[清]顾宗秀撰辑	480.00	九州
第二辑第 16 函:仪度六壬选日要诀	[清]张九仪撰	680.00	九州
第二辑第 17 函:葬事择日法	郑同校辑	280.00	九州
第二辑第 18 函:地理不求人	[清]吴明初撰辑	240.00	九州
第二辑第 19 函:地理大成一:山法全书	[清]叶九升撰	680.00	九州
第二辑第 20 函:地理大成二:平阳全书	[清]叶九升撰	360.00	九州
第二辑第 21 函:地理大成三:地理六经注·地理大成四:罗经指南拔雾集·地理大成五:理气四诀	[清]叶九升撰	300.00	九州
第二辑第 22 函:地理录要	[明]蒋大鸿撰	480.00	九州
第二辑第 23 函:地理人子须知	[明]徐善继撰	480.00	九州

书　　名	作　者	定　价	版别
第二辑第 24 函:地理四秘全书	[清]尹一勺撰	380.00	九州
第二辑第 25—26 函:地理天机会元	[明]顾陵冈辑	1080.00	九州
第二辑第 27 函:地理正宗	[清]蒋宗城校订	280.00	九州
第二辑第 28 函:全图鲁班经	[明]午荣编	280.00	九州
第二辑第 29 函:秘传水龙经	[明]蒋大鸿撰	480.00	九州
第二辑第 30 函:阳宅集成	[清]姚廷銮纂	480.00	九州
第二辑第 31 函:阴宅集要	[清]姚廷銮纂	240.00	九州
第二辑第 32 函:辰州符咒大全	[清]觉玄子辑	480.00	九州
第二辑第 33 函:三元镇宅灵符秘箓·太上洞玄祛病灵符全书	[明]张宇初编	240.00	九州
第二辑第 34 函:太上混元祈福解灾三部神符	[明]张宇初编	360.00	九州
第二辑第 35 函:测字秘牒·先天易数·冲天易数/马前课	[清]程省撰	360.00	九州
第二辑第 36 函:秘传紫微	古朝鲜抄本	240.00	九州
子部善本 1:新刊地理玄珠	精装古本影印	380.00	华龄
子部善本 2:参赞玄机地理仙婆集	精装古本影印	380.00	华龄
子部善本 3:章仲山地理九种(上下)	精装古本影印	760.00	华龄
子部善本 4:八门九星阴阳二遁全本奇门断	精装古本影印	760.00	华龄
子部善本 5:六壬统宗大全	精装古本影印	380.00	华龄
子部善本 6:太乙统宗宝鉴	精装古本影印	380.00	华龄
子部善本 7:重刊星海词林(全五册)	精装古本影印	1900.00	华龄
子部善本 8:万历初刻三命通会(上下)	精装古本影印	760.00	华龄
子部善本 9:增广沈氏玄空学(上下)	精装古本影印	760.00	华龄
子部善本 10:江公择日秘稿	精装古本影印	380.00	华龄
子部善本 11:刘氏家藏阐微通书(上下)	精装古本影印	760.00	华龄
子部善本 12:影印增补高岛易断(上下)	精装古本影印	760.00	华龄
子部善本 13:清刻足本铁板神数	精装古本影印	380.00	华龄
子部善本 14:增订天官五星集腋(上下)	精装古本影印	760.00	华龄
子部善本 15:太乙奇门六壬兵备统宗(上中下)	精装古本影印	1140.00	华龄
子部善本 16:御定景祐奇门大全(上下)	精装古本影印	760.00	华龄
子部善本 17:地理四秘全书十二种	精装古本影印	380.00	华龄
子部善本 18:全本地理统一全书	精装古本影印	380.00	华龄
子部善本 19:廖公画策扒砂经(上下)	精装古本影印	760.00	华龄
子部善本 20:明刊玉髓真经(上下)	精装古本影印	760.00	华龄
子部善本 21:蒋大鸿家藏地学捷旨	精装古本影印	380.00	华龄
子部善本 22:阳宅安居金镜(上下)	精装古本影印	760.00	华龄
子部善本 23:新刊地理紫囊书(上下)	精装古本影印	760.00	华龄
子部善本 24:地理大成五种(上下)	精装古本影印	760.00	华龄
子部善本 25:初刻鳌头通书大全(上中下)	精装古本影印	1140.00	华龄
子部善本 26:初刻象吉备要通书大全(上中下)	精装古本影印	1140.00	华龄
子部善本 27:武英殿板钦定协纪辨方书(上下)	精装古本影印	760.00	华龄
子部善本 28:初刻陈子性藏书(上下)	精装古本影印	760.00	华龄

书　　名	作　者	定　价	版别
子平遗书第1辑(批命案例集甲子至戊辰全三册)	精装古本影印	980.00	华龄
子平遗书第2辑(批命案例集庚午至甲戌全三册)	精装古本影印	980.00	华龄
子平遗书第3辑(批命案例集乙亥至戊子全三册)	精装古本影印	980.00	华龄
子平遗书第4辑(批命案例集庚寅至庚子全三册)	精装古本影印	980.00	华龄
子平遗书第5辑(批命案例集辛丑至癸丑全三册)	精装古本影印	980.00	华龄
子平遗书第6辑(批命案例集甲寅至辛酉全三册)	精装古本影印	980.00	华龄
风水择吉第一书:辨方(简体精装)	李明清著	168.00	华龄
珞琭子三命消息赋古注通疏(精装上下)	一明注疏	188.00	华龄
增补高岛易断(简体横排精装上下)	(清)王治本编译	198.00	华龄
中国古代术数基础理论(精装1函5册)	刘昌易著	495.00	团结
飞盘奇门:鸣法体系校释(精装上下)	刘金亮撰	198.00	九州
白话高岛易断(上下)	孙正治孙奥麟译	128.00	九州
润德堂丛书全编1:述卜筮星相学	袁树珊著	38.00	华龄
润德堂丛书全编2:命理探原	袁树珊著	38.00	华龄
润德堂丛书全编3:命谱	袁树珊著	68.00	华龄
润德堂丛书全编4:大六壬探原 养生三要	袁树珊著	38.00	华龄
润德堂丛书全编5:中西相人探原	袁树珊著	38.00	华龄
润德堂丛书全编6:选吉探原 八字万年历	袁树珊著	38.00	华龄
润德堂丛书全编7:中国历代卜人传(上中下)	袁树珊著	168.00	华龄
三式汇刊1:大六壬口诀纂	[明]林昌长辑	68.00	华龄
三式汇刊2:大六壬集应钤	[明]黄宾廷撰	198.00	华龄
三式汇刊3:奇门大全秘纂	[清]湖海居士撰	68.00	华龄
三式汇刊4:大六壬总归	[宋]郭子晟撰	58.00	华龄
三式汇刊5:大六壬心镜	[唐]徐道符辑	48.00	华龄
三式汇刊6:壬窍	[清]无无野人撰	48.00	华龄
青囊汇刊1:青囊秘要	[晋]郭璞等撰	48.00	华龄
青囊汇刊2:青囊海角经	[晋]郭璞等撰	48.00	华龄
青囊汇刊3:阳宅十书	[明]王君荣撰	48.00	华龄
青囊汇刊4:秘传水龙经	[明]蒋大鸿撰	68.00	华龄
青囊汇刊5:管氏地理指蒙	[三国]管辂撰	48.00	华龄
青囊汇刊6:地理山洋指迷	[明]周景一撰	32.00	华龄
青囊汇刊7:地学答问	[清]魏清江撰	58.00	华龄
青囊汇刊8:地理铅弹子砂水要诀	[清]张九仪撰	68.00	华龄
青囊汇刊9:地理啖蔗录	[清]袁守定著	48.00	华龄
青囊汇刊10:八宅明镜	[清]箬冠道人编	48.00	华龄
青囊汇刊11:罗经透解	[清]王道亨著	58.00	华龄
青囊汇刊12:阳宅三要	[清]赵玉材撰	48.00	华龄
青囊汇刊13:一贯堪舆(上下)	[明]唐世友辑	108.00	华龄
青囊汇刊14:地理辨证图诀直解	[唐]杨筠松著	58.00	华龄
青囊汇刊15:地理雪心赋集解	[唐]卜应天著	58.00	华龄
青囊汇刊16:四神秘诀	[元]董德彰撰	58.00	华龄

书　　名	作　者	定　价	版别
子平汇刊1:渊海子平大全	[宋]徐子平撰	48.00	华龄
子平汇刊2:秘本子平真诠	[清]沈孝瞻撰	38.00	华龄
子平汇刊3:命理金鉴	[清]志于道撰	38.00	华龄
子平汇刊4:秘授滴天髓阐微	[清]任铁樵注	48.00	华龄
子平汇刊5:穷通宝鉴评注	[清]徐乐吾注	48.00	华龄
子平汇刊6:神峰通考命理正宗	[明]张楠撰	38.00	华龄
子平汇刊7:新校命理探原	[清]袁树珊撰	48.00	华龄
子平汇刊8:重校绘图袁氏命谱	[清]袁树珊撰	68.00	华龄
子平汇刊9:增广汇校三命通会(全三册)	[明]万民英撰	168.00	华龄
纳甲汇刊1:校正全本增删卜易	郑同点校	68.00	华龄
纳甲汇刊2:校正全本卜筮正宗	郑同点校	48.00	华龄
纳甲汇刊3:校正全本易隐	郑同点校	48.00	华龄
纳甲汇刊4:校正全本易冒	郑同点校	48.00	华龄
纳甲汇刊5:校正全本易林补遗	郑同点校	38.00	华龄
纳甲汇刊6:校正全本卜筮全书	郑同点校	68.00	华龄
纳甲汇刊7:火珠林注疏	刘恒注解	48.00	华龄
古今图书集成术数丛刊:卜筮(全二册)	[清]陈梦雷辑	80.00	华龄
古今图书集成术数丛刊:堪舆(全二册)	[清]陈梦雷辑	120.00	华龄
古今图书集成术数丛刊:相术(全一册)	[清]陈梦雷辑	60.00	华龄
古今图书集成术数丛刊:选择(全一册)	[清]陈梦雷辑	50.00	华龄
古今图书集成术数丛刊:星命(全三册)	[清]陈梦雷辑	180.00	华龄
古今图书集成术数丛刊:术数(全三册)	[清]陈梦雷辑	200.00	华龄
四库全书术数初集(全四册)	郑同点校	200.00	华龄
四库全书术数二集(全三册)	郑同点校	150.00	华龄
四库全书术数三集:钦定协纪辨方书(全二册)	郑同点校	98.00	华龄
增广沈氏玄空学	郑同点校	68.00	华龄
地理点穴撼龙经	郑同点校	32.00	华龄
绘图地理人子须知(上下)	郑同点校	78.00	华龄
玉函通秘	郑同点校	48.00	华龄
绘图入地眼全书	郑同点校	28.00	华龄
绘图地理五诀	郑同点校	48.00	华龄
一本书弄懂风水	郑同著	48.00	华龄
风水罗盘全解	傅洪光著	58.00	华龄
堪舆精论	胡一鸣著	29.80	华龄
堪舆的秘密	宝通著	36.00	华龄
中国风水学初探	曾涌哲	58.00	华龄
全息太乙(修订版)	李德润著	68.00	华龄
时空太乙(修订版)	李德润著	68.00	华龄
故宫珍本六壬三书(上下)	张越点校	128.00	华龄
大六壬通解(全三册)	叶飘然著	168.00	华龄

书　　名	作　者	定　价	版别
壬占汇选(精抄历代六壬占验汇选)	肖岱宗点校	48.00	华龄
大六壬指南	郑同点校	28.00	华龄
六壬金口诀指玄	郑同点校	28.00	华龄
大六壬寻源编[全三册]	[清]周螭辑录	180.00	华龄
六壬辨疑　毕法案录	郑同点校	32.00	华龄
大六壬断案疏证	刘科乐著	58.00	华龄
六壬时空	刘科乐著	68.00	华龄
御定奇门宝鉴	郑同点校	58.00	华龄
御定奇门阳遁九局	郑同点校	78.00	华龄
御定奇门阴遁九局	郑同点校	78.00	华龄
奇门秘占合编:奇门庐中阐秘·四季开门	[汉]诸葛亮撰	68.00	华龄
奇门探索录	郑同编订	38.00	华龄
奇门遁甲秘笈大全	郑同点校	48.00	华龄
奇门旨归	郑同点校	48.00	华龄
奇门法窍	[清]锡孟樨撰	48.00	华龄
奇门精粹——奇门遁甲典籍大全	郑同点校	68.00	华龄
御定子平	郑同点校	48.00	华龄
增补星平会海全书	郑同点校	68.00	华龄
五行精纪:命理通考五行渊微	郑同点校	38.00	华龄
绘图三元总录	郑同编校	48.00	华龄
绘图全本玉匣记	郑同编校	32.00	华龄
周易初步:易学基础知识36讲	张绍金著	32.00	华龄
周易与中医养生:医易心法	成铁智著	32.00	华龄
增广梅花易数(精装)	刘恒注	98.00	华龄
梅花心易阐微	[清]杨体仁撰	48.00	华龄
梅花心易疏证	杨波著	48.00	华龄
梅花易数讲义	郑同著	58.00	华龄
白话梅花易数	郑同编著	30.00	华龄
梅花周易数全集	郑同点校	58.00	华龄
梅花易数	[宋]邵雍撰	28.00	九州
梅花易数(大字本)	[宋]邵雍撰	39.00	九州
河洛理数	[宋]邵雍述	48.00	九州
一本书读懂易经	郑同著	38.00	华龄
白话易经	郑同编著	38.00	华龄
知易术数学:开启术数之门	赵知易著	48.00	华龄
术数入门——奇门遁甲与京氏易学	王居恭著	48.00	华龄
周易虞氏义笺订(上下)	[清]李翊灼校订	78.00	九州
阴阳五要奇书	[晋]郭璞撰	88.00	九州
壬奇要略(全5册:大六壬集应钤3册,大六壬口诀纂1册,御定奇门秘纂1册)	肖岱宗郑同点校	300.00	九州

书名	作者	定价	版别
周易明义	邸勇强著	73.00	九州
论语明义	邸勇强著	37.00	九州
中国风水史	傅洪光撰	32.00	九州
古本催官篇集注	李佳明校注	48.00	九州
鲁班经讲义	傅洪光著	48.00	九州
天星姓名学	侯景波著	38.00	燕山
解梦书	郑同、傅洪光著	58.00	燕山
命理精论(精装繁体竖排)	胡一鸣著	128.00	燕山
辨方(繁体横排)	张明清著	236.00	星易
古易旁通	刘子扬著	320.00	星易
四柱预测机缄通	明理著	300.00	星易
奇门万年历	刘恒著	58.00	资料
图解新编中医四大名著:温病条辨	周重建、郭号	68.00	天津
图解新编中医四大名著:伤寒论	周重建、郭号	68.00	天津
图解新编中医四大名著:黄帝内经	周重建、郭号	68.00	天津
图解新编中医四大名著:金匮要略	周重建、郭号	68.00	天津
中药学药物速认速查小红书(精装 64 开)	周重建	88.00	天津
国家药典药物速认速查小红书(精装 64 开)	高楠楠	88.00	天津
神农本草经(1 函 1 册)	宣纸线装	380.00	海南
黄帝内经素问灵枢(影宋本 2 函 9 册)	宣纸线装	3980.00	海南
仲景全书(影宋本 2 函 8 册)	宣纸线装	3980.00	海南
王翰林集注八十一难经(1 函 3 册)	宣纸线装	1280.00	海南
菩提叶彩绘明内宫写本金刚经(1 函 1 册)	宣纸线装	480.00	文物
故宫旧藏宋刊妙法莲华经(1 函 3 册)	宣纸线装	900.00	文物
铁琴铜剑楼藏钱氏述古堂抄营造法式(1 函 8 册)	宣纸线装	2800.00	文物
唐楷道德经(通行本全 1 函 1 册)	宣纸线装	380.00	文物
通志堂经解(全 138 种 600 册)	宣纸线装	36 万	文物
影印文明书局藏善本文献集成	精装 60 种	12800.00	九州